U0823916

lonely planet

这个地方我眼熟

101影视取景地

中国地图出版社

前 言

很难想象，若不是《罗马假日》，还会不会有旅行者将坐在西班牙台阶上吃冰激凌视为罗马之行必做的事？不可否认，世界上大多数“表白圣地”“求婚圣地”都是电影带动起来的。在交通与签证都不像今天这般便利时，电影（电视剧）打开了一扇窗，让我们得以窥见外面的世界。

要说电影与旅行的相通之处，可能在于它们都常能展现一些鲜为人知的美丽地点。电影不是旅游宣传大使，旅行者却很难不被电影牵着鼻子走，偏就是90分钟里仅出现2秒的画面那么触动人心，促使你飞越重洋去身临其境。

大多数人并不拥有Lonely Planet作者的好命，可以随心游走世界，不过买张电影票比买张机票容易得多，你虽然还没有去过那个地方，你也早就“看”过那个地方了，不是吗？你甚至可以以电影为评判标准，一个地方值不值得去，且看有多少部电影曾为它打call。你敢说你的新西兰之行没有受到《指环王》的影响？

在这本书里，我们为你精选了一百多部电影，跨度超过半个世纪，涵盖五大洲的美景、人文艺术博览、著名的徒步/自驾路线、真实的历史事件发生地……大多数目的地你都可以“按片索骥”，包括“外太空”。

还没想好下个目的地去哪里？先挑部电影看看吧。

Wadi Rum

月亮谷，约旦

《火星救援》
（*The Martian*），
2015年

连美国宇航局也主动给这部火星版鲁滨孙漂流记造过势。不过，就算得到了专家的技术支持，去火星取景也是不现实的。于是，著名导演雷德利·斯科特回到了他拍《普罗米修斯》的地方——月亮谷。这片玫瑰色的奇山与沙漠，在电影《红色星球》《火星上的最后几天》里都“扮演”过火星，现在叫它“火星谷”或许更贴切。

月亮谷就是因为电影而扬名的，20世纪60年代，这里迎来了第一个剧组——史诗巨作《阿拉伯的劳伦斯》的拍摄团队。影片上映后，月亮谷成为徒步、骑骆驼、露营和自驾的热门目的地，约旦的现代旅游业也由此开始。

更多目的地详情请参考
Lonely Planet《约旦》

“……我是第一个在火星开长途车的人。第一个在火星上待了超过31个太阳日的人。第一个在火星种庄稼的人。什么都是第一，第一，第一！”

©JOE WINDSOR-WILLIAMS/LONELY PLANET

"我怎么会对一个未曾去过的世界感到怀念呢？要怎么解释一个创造了这些的文明，被夷为平地后，却滋生出了这样的世界？"

Machu Picchu

马丘比丘，秘鲁

《摩托日记》
(*Diarios de motocicleta*)，
2004年

石砌的古老建筑物镶嵌在青翠的安第斯高峰之间，马丘比丘是前哥伦布时期古印加帝国的遗迹。跟随片中23岁的背包客埃内斯托，我们登上海拔2350米的山脊，凝视这片15世纪的建筑群，感慨被西班牙殖民者摧毁的美洲文明。一路上被耳闻目睹的贫穷与苦难所深深触动，这位热情而充满好奇的贵族青年最终觉醒，成为后来西方左翼运动的象征、著名古巴革命领袖切·格瓦拉。

取材于真实日记，巴西导演沃尔特·塞勒斯再现了改变格瓦拉一生的那次休学旅行。拍摄前，他甚至亲自展开了一段为期两年的旅行，沿着格瓦拉当时的行进路线穿越南美洲。

更多目的地详情请参考
Lonely Planet《南美洲》

“当我还只是13岁时，1941年春末的那一天，我初次见到了她……那一天，墨索里尼向英法宣战，而我，得到了生命里的第一辆脚踏车。”

©DONOVAN REESE/GETTY IMAGES

Ortygia

奥提伽岛，锡拉库萨，意大利

《西西里的美丽传说》（*Malèna*），2000年

每个青春期的男孩心里都住着一个“Malena”这样的女子，而电影里寡居的Malena，因为太美丽，岛上的所有男人都想占有她，所有女人都妒忌、排斥她。影片在锡拉库萨的奥提伽岛上拍摄，可喜的是，今日你所见的小镇与电影里展现的街景至少能达到百分之八十的重合度。莫妮卡·贝鲁奇不下10次摇曳走过的广场，是大教堂所在的广场，电影镜头几乎扫过这座广场所有的角落。

更多目的地详情请参考Lonely Planet《意大利》

Santa Maria in Cosmedin

希腊圣母堂，罗马，意大利

《罗马假日》
（*Roman Holiday*），
1953年

这个古罗马时期的井盖雕刻着希腊海神，后来被放在希腊圣母堂的门廊里，据说撒谎者会被它的“真理之口”咬断手。

男主角把手伸进去时，可怕的事发生了：他好像被什么给吸了进去，手也不见了！后来才知是个玩笑。这一幕完全是演员派克的自由发挥，拍摄时，蒙在鼓里的赫本是真的被吓到了，导演拍下了她令全世界倾倒的可爱动作和惊讶表情。直到现在，仍有不计其数的游客排着长队，只为拍张把手放进真理之口的照片。

出逃的公主和暗访的记者都说了谎，但迷人的阳光和古迹让所有人都得到了片刻自由。这部经典爱情片所代表的那个古老而梦幻的罗马，让人永远不会厌倦。

更多目的地详情请参考
Lonely Planet《罗马》

FREDERIC LEGRAND - COMEO/SHUTTERSTOCK.COM

Palace of Versailles

凡尔赛宫，巴黎，法国

《绝代艳后》
（*Marie Antoinette*），
2006年

在《绝代艳后》之前，凡尔赛宫已有25年未曾开放拍摄了，可导演索菲娅·科波拉却得到了史无前例的权限——宫殿里的700多个房间，她都可以用来取景，包括当时正在进行大规模修复的镜厅，影片中最奢靡的一幕就是在这里拍的。富丽堂皇的宫殿和极尽华美的服装是影片最大的亮点。

同样身为女性，导演并没有像历史书一样控诉那个祸国殃民的"断头玛丽"，而是让观众窥见一位女人的一生——凡尔赛宫最后的女主人，她的单纯与狂妄、苦闷与欢乐、美丽与颓唐，都在洛可可风格的浮华与迷幻中上演。

更多目的地详情请参考
Lonely Planet《巴黎》

James Bond Island

詹姆斯·邦德岛，泰国

《007之金枪人》（*The Man with the Golden Gun*），1974年

攀牙湾的这座岛屿原来的名字，如今很少有人记得了，自从这部电影上映后，它更广为人知的名字是“詹姆斯·邦德岛”。电影中，外号金枪人的职业杀手Scaramanga在岛上建了一座高科技太阳能发电厂，他偷来的、007寻找的热力转换器就藏在里面，发电厂正对着的海湾中有一座形似大白菜的喀斯特石灰岩柱，用于接收太阳能。别太计较剧情的合理性，这毕竟是40多年前的007特工系列了。

更多目的地详情请参考
Lonely Planet《泰国岛屿和海滩》

“邦德先生，我们的职业是最孤独的职业。”

©MUSTANG_79/GETTY IMAGES/ISTOCKPHOTO

“在山谷有很多人很喜欢我。我认为现在全世界都喜欢我。我想有智慧去爱他们。”

Salvation Mountain

救赎山，
科罗拉多沙漠，
加利福尼亚州，美国

《荒野生存》

（*Into the Wild*），2007年

在主角克里斯托弗目睹驯鹿爬满蝇蛆、被野狼和秃鹰吞食的蛮荒一面后，我们随着电影的倒叙，回到4个月前的救赎山，克里斯托弗曾在这里度过24年人生中一段温情的时光。救赎山的创造者——年过八旬的莱昂纳多·奈特也在片中饰演他自己，他独自住在条件艰苦的沙漠中，用30年建造了这个五彩斑斓的巨大山丘，诠释上帝、爱与救赎。不过，克里斯托弗最后还是毅然抛弃了优渥生活，告别亲友，独自前往阿拉斯加的荒野，趁着冬日踏河而过，再也没法回来。

这部带有强烈宗教色彩的电影，改编自20世纪90年代引起美国社会热烈讨论的真实故事。导演西恩·潘希望表达“快乐必须分享才有意义”——虽然真实的克里斯托弗并没有这么说过。

更多目的地详情请参考
Lonely Planet《美国》

“这就是我们过的生活和所选择的生活之间的差异。”

Camino de Santiago

圣地亚哥之路，西班牙

《朝圣之路》（*The Way*），2010年

这条基督徒的朝圣之路，从法国开始，横跨西班牙北部四个区，最后到达十二使徒之一的圣雅各的安息之地——圣地亚哥-德孔波斯特拉，行者可以在这里领取大教堂颁发的“德孔波斯特拉”证书。它全长783公里，全程走完需要5周，沿途风光无限，也很磨炼人的意志。电影中汤姆的儿子走在这条路上时不幸遇难，汤姆并非虔诚的基督徒，也非徒步爱好者，当他决定带着儿子的骨灰、背起儿子的背包走完儿子的未尽之路时，也一度被搞得狼狈不堪，但一路走下去他渐渐理解了儿子追寻的生命意义。

更多目的地详情请参考
Lonely Planet《西班牙》

“妈？”“怎么？”“我们冬天真的要去那家旅馆吗？”
“当然，那里一定会很好玩的。”

Timberline Lodge

山林小屋酒店，胡德山国家森林公园，俄勒冈州，美国

《闪灵》（*The Shining*），1980年

与世隔绝的山顶酒店、打字机上无限循环的谚语、电梯门涌出的血水、走廊尽头的双胞胎女孩、浴室里速朽的全裸女人、砸向木门的铁斧……只需要想想这些无法逃脱的诡异情景，就能让人不寒而栗。这绝对是影史上最恐怖的酒店了！在2018年的电影《头号玩家》里，这些桥段又被拿来吓唬了观众一次，可见它多么深入人心。

许多人慕名来胡德山国家森林公园拜访这家酒店，却找不到可怕的237房，当时经理担心生意受影响，要求导演库布里克把房号设定成了并不存在的数字。酒店陈设也跟片中完全不同，因为内景都是在英国的摄影棚里拍的。片中最写实的也许就是开头那段胡德山航拍了吧。

更多目的地详情请参考
Lonely Planet《美国》

©NOVARC IMAGES/ALAMY

Berlin-Hohenschönhausen Memorial

柏林斯塔西监狱，柏林，德国

《窃听风暴》
（*The Lives of Others*），
2006年

奥斯卡最佳外语片《窃听风暴》将视线对准1984年的东德柏林，在那个“公开化无处不在”的高压统治时期，秘密警察和告密者无处不在，人们言行稍有不慎便会被囚禁与拷打。不过影片中的国家安全局（斯塔西，Stasi）审讯嫌犯的柏林斯塔西监狱因未获准实地拍摄，其实是在电影制片厂搭建的场景中拍的。真实的斯塔西监狱自2013年后改造成了一座纪念馆，和电影一样，它是对那个人人自危的时代的纪念，时刻提醒着人们当政治偏执和国家监督捆绑在一起时，可能导致的恐怖后果。

更多目的地详情请参考
Lonely Planet《柏林》

"我会带你去我的王国，让你做王子。"

©ALVARO MINGUITO/500PX

Belchite

贝尔奇特镇，萨拉戈萨，西班牙

《潘神的迷宫》（*Pan's Labyrinth*），2006年

一部带有暗黑童话色彩的奇幻电影，以1944年弗朗哥独裁统治下的西班牙为背景，讲述了小女孩奥菲莉亚跟随母亲在继父（法西斯军官）军营里的生活，她一边目睹继父的暴行，一边沉浸在自己的神话世界里。在奥菲莉亚的幻想中，她是地下王国走失的公主，她需要完成3个任务才能重回王国。电影中现实与魔幻交织，寓意深刻。除了大量特效，影片开始的一段是真实的：整个城镇被战争摧毁为废墟，残留部分被视作弗朗哥胜利的象征，后改为战争死难者的纪念碑。

更多目的地详情请参考
Lonely Planet《西班牙》

“我希望我知道如何戒掉你。”

Kananaskis Country

卡那那斯基斯村，艾伯塔省，加拿大

《断背山》
（*Brokeback Mountain*），
2005年

杰克和恩尼斯相恋的“断背山”，就是加拿大卡那那斯基斯村的Fortress山。尽管这段禁忌之爱，以及那个荒凉、纯净而又神秘的世外桃源都纯属虚构，但是落基山脉深处的原始隔绝之感，以及艾伯塔省的小镇生活和牛仔传统都是真实的。

在绵延965公里的加拿大落基山脉，导演李安捕捉到了与美国怀俄明州小镇乡村类似的东西，并且恰如其分地展现了自然物候与人的心灵和生活状态之间的关系。影片上映后，加拿大旅游局甚至专门组织了“断背山之旅”，带那些心心念念的影迷去寻找每一个取景地。

更多目的地详情请参考
Lonely Planet《加拿大》

"Derr-derr, Derr-derr, Der-der der-der, Der-der-der-der-der-der-de-de-de-de……"

©LOU JONES/GETTY IMAGES

Martha's Vineyard

马萨葡萄园岛，马萨诸塞州，美国

《大白鲨》（*Jaws*），1975年

马萨葡萄园岛向来是美国富人的度假地首选，拜导演斯皮尔伯格所赐，大白鲨在这里硬是被整成了很多人的童年阴影。尽管当时用鲨鱼模型做的特效和一堆穿帮镜头，现在可能会让眼尖的观众感到出戏，但不得不说，影片步步为营的气氛渲染确实很到位，直到今天，许多来到马萨葡萄园岛的游客仍旧不敢下水。

其实绝大部分鲨鱼对人类都没有攻击性，人家只是吃了长相的亏——尖牙、大身躯和扑克脸，从黑暗深海里游出来，好像很凶的样子。影片中的鲨鱼被塑造成了巨大而残忍的嗜血狂魔，袭击海边的村庄、咬烂船只、吃掉人类，在气氛不祥的古典乐中千呼万唤始出来，最后死于爆炸。

更多目的地详情请参考 Lonely Planet《美国》

“这个城市如此浪漫，夜晚又那么温柔迷人，我们都活着，还不够有意义吗？”

Barcelona & Oviedo

巴塞罗那和奥维耶多，西班牙

> 《午夜巴塞罗那》（*Vicky Cristina Barcelona*），2008年

这是一部关于三个性格迥异（理智现实、随性奔放、热烈不羁）的美丽女人与一个男人发生的三种爱情模式的爱情喜剧片。伍迪·艾伦在电影中为我们展示了巴塞罗那和奥维耶多明信片般的美景，以及迷人、性感、浪漫的气质。你可以在巴塞罗那跟随电影中Vicky的脚步逐一拜访高迪的建筑作品，或漫步奥维耶多老城区，后者为了纪念这部电影，还有一座伍迪·艾伦的雕像。

更多目的地详情请参考
Lonely Planet《西班牙》

Marin County Civic Center

马林县县政中心，旧金山，加利福尼亚州，美国

《千钧一发》（*Gattaca*），1997年

弗兰克·劳埃德·莱特设计的这栋早期未来主义风格的建筑，充分践行了其乌托邦式的生活理念。无论是悬臂梁，还是简洁的线条和流动的空间感，以及喷气发动机和单轨铁路，都令它看起来就像是本该出现在外太空的建筑。无疑，它在这部安德鲁·尼科尔执导的、关于基因决定命运的科幻电影中，作为Gattaca航空航天公司总部的所在地是很适合的。而同样是科幻题材的电影《五百年后》（*THX 1138*；乔治·卢卡斯导演）也在这栋建筑中取景。

更多目的地详情请参考Lonely Planet《美国》

“考古学要寻找的是事实，而非真相，如果你们想要寻找真相，哲学课教室在走廊尽头。”

Al-Khazneh

卡兹尼神殿，佩特拉古城，约旦

《夺宝奇兵3之圣战骑兵》（*Indiana Jones and the Last Crusade*），1989年

这是夺宝奇兵系列中笑点最多的一部电影，琼斯父子满世界跟纳粹分子战斗，只为寻找类似倚天剑屠龙刀那样人人趋之若鹜的宝物——耶稣在最后的晚餐里用的圣杯，它就藏在新月峡谷的圣殿里。看着是不是很眼熟？《变形金刚2》中能拯救擎天柱的超级矩阵也在这里。它们统统取景于约旦佩特拉古城的卡兹尼神殿。

建于公元前9年的佩特拉是约旦最负盛名的古城，它位于死海和阿卡巴海峡之间的峡谷之中，由于岩石带有珊瑚般的微红色调，它又被人们称为玫瑰红城市。为了满足不同的徒步爱好者的需要，古城现在会提供短则1天长则3天的门票。

更多目的地详情请参考
Lonely Planet《约旦》

“喧嚣和腐臭都为我所爱。”

©JOHN AND TINA REID/GETTY IMAGES

Dubrovnik

杜布罗夫尼克，克罗地亚

《权力的游戏》（*Game of Thrones*），2011年

“权游迷”们可能比自己想象中更熟悉杜布罗夫尼克，这座位于克罗地亚东南部的港口城市建于公元7世纪，古老的城墙和建筑矗立在石灰岩半岛上，红屋顶、黄外墙、大理石街道和巴洛克建筑让人恍若置身中世纪。没错，我们已经进入了剧中七大王国的首都——君临城，弥漫着“尸体和粪便的腐臭气味”以及“朗姆酒和大蒜味道”的繁华城市。

不沿着老城闻名遐迩的壮观城墙步行一圈并俯瞰亚得里亚海的话，旅行是不完整的。中世纪时，这里是杜布罗夫尼克城市共和国的中心，它是亚得里亚海唯一可与威尼斯匹敌的城邦，这些城墙曾经保护这个文明和成熟的共和国长达五个世纪之久。

更多目的地详情请参考
Lonely Planet《东欧》

Philadelphia Art Museum

费城艺术博物馆，费城，宾夕法尼亚州，美国

《洛奇》
（*Rocky*），
1976年

费城艺术博物馆号称全美第三大美术馆，每年接待游客量超过50万人。尽管大多数人是来参观这里的著名文物，但也别忘了由史泰龙主演、代表美国精神的励志电影《洛奇》。电影中，洛奇训练结束后会来费城艺术博物馆，如今馆外矗立着一座洛奇高举双臂的雕像。通往艺术博物馆入口的72级台阶是电影里的经典场景，也被称为“洛奇台阶”，当地传说：若不哼着*Gonna Fly Now*（电影主题曲），这些台阶是难以逾越的。

更多目的地详情请参考
Lonely Planet《美国》

“靠路面走，离旷野远一点。小伙子们，注意月亮。”

Black Mountains

布莱克山脉，威尔士，英国

《美国狼人在伦敦》（*An American Werewolf in London*），1981年

这片翠绿宜人的郊野看上去是个散步的好地方，不是吗？一点都不像是那种你会被警告偏离主路就会有危险的地方。然而，它在约翰·兰迪斯的喜剧恐怖片里代表了约克郡荒原，后者在20世纪80年代被视为英国一处非常奇怪和不祥之地，甚至一些乡村酒吧如电影中的“屠宰羔羊”，墙上会有代表狼人记号的五角星。

更多目的地详情请参考 Lonely Planet《英国》

看看这些难得的航拍

《谍影重重》

行走四方的超级特工其实没什么时间看风景，好在最后他还有希腊米克诺斯岛，我们也跟着他蹭了一小段航拍镜头，看看那些白色的房子，可惜镜头有点儿短。

《飞天万能车》

在影片里我们从高空俯瞰童话般的新天鹅堡，可要想在旅行中亲身体验到这个画面，你只能去参加景区的滑翔伞项目啦。

《哈利·波特与密室》

那辆赶着去上学的蓝色小轿车，就这么冒冒失失地一路狂奔，最后在格伦芬南高架桥和火车相遇，你可以在影片里尽情鸟瞰这座桥优美的弧线，注意不要晕车。

《走出非洲》

跟着我们勇敢的女飞行员飞过非洲大草原吧！你会看到瀑布、河流和广袤的大地，也会看到奔跑或飞翔的动物壮观而跃动，飞机也在阳光下拖着长长的影子。

《音乐之声》

影片开头 3 分多钟的航拍穿越云层、飞过雪山，把奥地利萨尔茨卡默古特地区的松林、河流、湖泊和小镇展现在我们面前，每一帧画面都像一张超美的明信片。

《闪灵》

3 分钟的开场镜头让我们从高空一览美国胡德山风光，看着主人公的轿车从青翠的低海拔地带一直开到雪线以上，最后到达那座史上最恐怖的酒店。

Lake Lure

鲁尔湖，
北卡罗来纳州，美国

> 《辣身舞》
> （*Dirty Dancing*），
> 1987年

“你知道吗？练习托举最好的地方就是在水里。”歌舞片《辣身舞》中，假日营地的舞蹈老师约翰尼·卡斯尔在教17岁的姑娘Baby（昵称）弗朗西斯·豪斯曼跳曼波舞时说。这张照片里美丽的湖泊正是约翰尼带Baby去的那片湖，他们浑身湿透，傻笑着不断练习电影里的重要舞步。

更多目的地详情请参考
Lonely Planet《美国》

Chatsworth House

查茨沃斯庄园，德比郡，英国

《傲慢与偏见》（*Pride and Prejudice*），2005年

一些研究简·奥斯丁的学者相信，当她在书里描述达西先生的庄园时，心里想着的是查茨沃斯庄园：“一座巍峨精美的石头建筑，屹立在一片高地上，背靠着一道树木葱茏的山岗”，“匀匀称称的大屋子，布置得十分雅致”，“不管走到哪个窗口，总有秀色可餐”。无论这个猜想是不是真的，查茨沃斯庄园都成了同名影片的取景地。

始建于1552年的查茨沃斯庄园是世袭德文郡公爵家族的豪宅，它矗立在连绵的绿地上，在4个世纪里历经多位园艺师的精心建造。在影片中，我们跟随凯瑟琳的脚步踏上黑白地砖，仰望天顶画，穿行在琳琅满目的绘画、雕塑之间。

更多目的地详情请参考Lonely Planet《英国》

“希望你永远也不知道——再次看见人类是多美好的事。”

©ULLSTEIN BILD/CONTRIBUTOR/GETTY IMAGES

Svinafellsjökull Glacier

瓦特纳冰川国家公园，冰岛

《星际穿越》（*Interstella*），2014年

在影片里，这里连云朵都被冻成了冰。从木星附近的虫洞穿越到陌生星系，主人公们的飞船降落在这个白色星球，它很美，但酷寒而荒凉。他们要给必须逃出地球的人类找到一个能喘口气的地方，这不是找房搬家，想舒舒服服住下是不可能的……不爱特效的导演诺兰，实打实地让故事在这片古老、广袤而闪亮的冰川上演。

占冰岛全境面积12%的瓦特纳冰川国家公园，简直是所有地理书和地质历史书相关章节的素材来源。夏天几乎不会落下的太阳让徒步者很省心，还可以趁午夜无人时观赏阳光下潺潺的瀑布。不过体验冰川的最佳季节是冬天，有无比纯净的蓝色冰原和晶莹剔透的蓝冰洞，天气越冷越好。

更多目的地详情请参考Lonely Planet《冰岛》

“噢，一个人应该有自己的梦想，但是他必须学会把这些梦想付诸实践，而不能只是成天坐着想想它们。”

©ANDREW MONTGOMERY/LONELY PLANET

Neuschwanstein Castle

新天鹅堡，巴伐利亚州，德国

《飞天万能车》（*Chitty Chitty Bang Bang*），1968年

在这部儿童科幻电影中，新天鹅堡是反派人物Baron Bomburst的老巢，他蠢笨滑稽又搞笑。不过，城堡真正的创造者路德维希二世可是位英俊高雅的国王。怀着艺术激情和对瓦格纳的热爱，他在云雾缭绕的阿尔卑斯山麓亲手设计了它，一个逃离俗世的梦与美之境。国王死后，童话常存，把这座白色城堡画成粉红色，就成了1959年迪士尼动画片《睡美人》中的城堡。

在影片欢快的管弦乐声中，主角Potts一家驾驶“Chitty”飞行，带着观众俯瞰新天鹅堡。当时不知多少孩子羡慕“007之父”、英国作家伊恩·弗莱明笔下的这辆万能老爷车。去拜访新天鹅堡时，就让泰格尔山顶的滑翔伞项目像Chitty那样带你飞吧！

更多目的地详情请参考
Lonely Planet《德国》

©CHRISTOPHE SIMON/STAFF/GETTY IMAGES

Favelas of Rio de Janeiro

里约热内卢的贫民窟，巴西

《上帝之城》（*City of God*），2002

导演费尔南多·梅里尔斯将镜头对准里约热内卢的贫民窟，观影后你并不会向往生活在这个地方，相反，你或许会感谢老天没让你出生在充满贫穷和暴力的环境里。不过，很少有电影如这部般能精准捕捉到一个城市的独特精神。同样，你也很难有机会在一部电影中接触如此多有趣的桑巴音乐。

更多目的地详情请参考
Lonely Planet《巴西》

"跟我一起跑吧。""跑？去哪儿？靠什么生活？""爱。"

Chhatrapati Shivaji Terminus

贾特拉帕蒂·希瓦吉终点站，孟买，印度

《贫民窟的百万富翁》(*Slumdog Millionaire*)，2008年

"每天5点，我都去维多利亚火车站（旧称）等你，直到你出现。"失散多年后，贾马尔再次找到了他深爱的拉提卡，可她还不能跟他走。

这处终点站位于孟买市中心，有着宏伟的哥特建筑和精美的石雕，是1887年为纪念英国维多利亚女王即位50周年而命名的，印度独立后被改成民族英雄的名字，它每天都像影片中那样繁忙拥挤。

火车是关于印度最常见的谈资。而在英国导演丹尼·博伊尔的影片中，火车代表危险、离别、逃亡和救赎。贾马尔在铁轨边失去母亲，又在飞驰的列车上失去了拉提卡。好在结局是恶棍死去、恋人团聚，音乐响起——印度电影式的歌舞总算来了，人们在窄窄的车站月台上跳了起来。

更多目的地详情请参考
Lonely Planet《印度》

"龙椅冰冷依旧，只是这韶光，不知换了几回。"

The Forbidden City

故宫博物院，北京，中国

《末代皇帝》
（*The Last Emperor*），
1987年

身为中国人，岂能不了解清朝皇帝居住的紫禁城，不妨换个角度，看看西方导演眼中爱新觉罗·溥仪的一生。这部电影曾斩获奥斯卡9项大奖，也是第一部获得中国政府许可在紫禁城内拍摄的电影。你可以对照着清宫剧游览大清皇帝的后宫，参观故宫博物院内展出的国宝文物，高品质的流动展览更是值得你一去再去。而每年初雪后，网上总会诞生一拨儿漂亮的故宫雪景照。

更多目的地详情请参考
Lonely Planet《北京》

Sutton Place Park

萨顿广场公园，纽约市，美国

《曼哈顿》（*Manhattan*），1979年

花上一整夜与美丽的作家边散步边聊天，然后在凌晨5点时坐在公园长凳上，等候第一道曙光在东河上铺展开来，并照亮昆斯伯勒大桥。请闭上眼，将画面切换为黑白片，恭喜你，你刚创造了《曼哈顿》电影海报式的画面。

更多目的地详情请参考
Lonely Planet《美国》

"而公路战士，那是我们最后一次见到他，他现在只活在我的记忆里。"

Silverton

锡尔弗顿，新南威尔士州，澳大利亚

《疯狂的麦克斯2》（*Mad Max 2*），1981年

欢迎来到锡尔弗顿，最新人口普查显示这里仅有89个常住人口。它曾以银矿出名，但自从1889年银矿关闭，小镇便一天天冷清了下来，如今看上去就是一个典型内陆小镇的模样。除了《疯狂的麦克斯2》，包括《沙漠妖姬》（1994）、《内陆惊魂》（1971）等在内的很多电影也是在这里取景的。镇上有个《疯狂的麦克斯2》博物馆，影迷们别错过。

注意，电影被设置在一个无处可逃的荒漠中心，没有麦克斯的协助可是逃不出去的哦！在你决定前往探险前，最好三思。

更多目的地详情请参考
Lonely Planet《澳大利亚》

“只有我们才相信你。”

New York Public Library

纽约公共图书馆，纽约市，美国

《捉鬼敢死队》（*Ghostbusters*），1984年

1984年，纽约公共图书馆的阅览室，因鬼魂与三位大学心理学教授的初次相遇变得世界闻名。这并非是一场吉利的会晤，随后鬼怪们在全城兴风作浪，三位教授组成“捉鬼敢死队”，最终将他们全部解决。古典而华丽的纽约公共图书馆是纽约最具吸引力的免费景点之一，而电影中的鬼魂大本营在曼哈顿区的Hook & Ladder 8。

更多目的地详情请参考
Lonely Planet《纽约》

“我试过为我所做的一切道歉，为我是个杀手道歉，但是一点用都没有。”

Voula’s Little Venice

沃拉小威尼斯酒店，米克诺斯岛，希腊

《谍影重重》
(*The Bourne Identity*)，
2002年

美国超级特工杰森·伯恩大概从来不需要看那些印刷精美的旅行手册，他走遍了整个地球，却很少有机会能欣赏沿途风景（常年出差的大忙人最有共鸣了）。

不过，在这部电影的尾声，他治好了失忆症，下决心不再做杀人机器，得到了片刻平静，终于开始考虑租辆小摩托，看看希腊米克诺斯岛了。这么美的小岛，不妨在沃拉小威尼斯酒店住上一晚，好好欣赏下那些洁白的小屋、五彩的门窗、可爱的博物馆和教堂。别忘了这里还有蜚声世界的“天堂海滩”和丰富的夜生活!

更多目的地详情请参考
Lonely Planet《希腊》

“爱是所有瘟疫中最为黑暗的。”

ANDERS EKHOLM/GETTY IMAGES

Hovs Hallar，斯科讷省，瑞典

《第七封印》（*The Seventh Seal*），1957年

看看这片海滩：非常漂亮，是吧？毫无疑问，甚至有人将它誉为上帝创造的神来之笔。英格玛·伯格曼的这部关于在无神论的宇宙中寻找生命意义的存在主义戏剧，选择在此地为骑士布洛克和黑衣死神设计了一个棋局，在他们对抗之际，初升的红日刚好跃出海岸，没有人能不被那一刻的美景打动。

更多目的地详情请参考
Lonely Planet《瑞典》

Aït Benhaddou

艾本哈杜古城，摩洛哥

《角斗士》
（*Gladiator*），
2000年

宝剑和凉鞋已经准备完毕，再配上艾本哈杜古城的黄沙色调，以及由原住民柏柏尔人在11世纪用黏土和麦秸建起的防御工事，你可以尽情想象各种彪悍而蛮荒的剧情——位于摩洛哥瓦尔扎扎特地区的艾本哈杜，是撒哈拉和马拉喀什古商道上的堡垒古城，无数影片曾在这里取景，其中就包括激荡人心的《角斗士》。

战功赫赫的罗马将军马克西姆斯一夜之间失去了一切，在罗马帝国的边远村镇祖卡巴沦为奴隶，却阴差阳错成为角斗士，等待着最后的复仇。这段历程就是在艾本哈杜古城拍摄的。而片中他曾表演血腥厮杀的斗兽场，如今仍矗立在瓦尔扎扎特市郊区的阿特拉斯工作室。

更多目的地详情请参考
Lonely Planet《摩洛哥》

"兄弟们，我们今生所做的事情，将会永垂不朽。"

©PATRICIA HOFMEESTER/500PX

Angkor Wat

吴哥窟，暹粒，柬埔寨

《古墓丽影》（*Lara Croft: Tomb Raider*），2001年

安吉丽娜·朱莉扮演的劳拉站在巴肯山上，用望远镜观察吴哥寺庙群，然后在塔布隆寺捡起一朵茉莉花，找到前往巴戎寺的地下通道。经过在“地下宫殿”的一番搏斗后，她从荔枝山的瀑布纵身一跃，出现在吴哥窟前的水上市场，最后在吴哥窟的千佛长廊治愈了伤口。电影里的这些场景正是在传统意义上的吴哥小圈游览路线的景点拍摄的。起个大早，一天便能跟着劳拉看遍吴哥的精华。别忘了在塔布隆寺找找“古墓丽影”树，不过现实中并没有地下宝藏通道。

更多目的地详情请参考
Lonely Planet《柬埔寨》

Salzkammergut

萨尔茨卡默古特地区，奥地利

> 《音乐之声》
> （*The Sound of Music*），
> 1965年

穿过云层，风声呼啸，我们看到积雪覆盖的群山、松林密布的山谷间闪烁的河流，鸟鸣啁啾，音乐渐响，清澈的湖泊水平如镜，宁静的小镇在绿野之间闪现，萨尔茨卡默古特地区就在眼前，仿佛生命与自由的化身。女主角玛利亚听到了山峦的呼唤，迫不及待地走出修道院，越爬越高，想成为碧绿芬芳的万物中的一分子，她在山巅的青草地上唱起影片中第一支歌。

即便放在今天，这部将近3小时的音乐电影也依然没有沉闷之感。导演毫不吝惜镜头，把湖区和奥德边境小镇萨尔茨堡的美景融入剧情之中。面对奥匈帝国解体和纳粹入侵，奥地利人在片中展示了他们最骄傲的东西：音乐。

更多目的地详情请参考
Lonely Planet
《德国、奥地利和瑞士自驾》

“他们总是不断地向你灌输个体自由，但当他们真的见到一个自由的个体，就会吓着他们。”

©EMYU/GETTY IMAGES

Route 66

66号公路，美国

《逍遥骑士》（*Easy Rider*），1969年

拿着卖可卡因交易赚的钱，两位主人公各自骑上一辆哈雷Panhead摩托车，开始了自由不羁的旅程。像“垮掉的一代”所标榜的那样，他们沉迷于毒品、摇滚和狂欢。因为太过特立独行，不被世人所理解，其际遇也蒙上悲剧色彩。

这部电影堪称公路片鼻祖，而承载这些故事的66号公路，则是美国人心目中自由、致富和西进运动的代名词。这条公路全长约3939公里，呈对角线从芝加哥一路横穿到圣塔莫妮卡，19世纪80年代已从公路系统中正式退役。如今，路旁的景观或许荒凉乏味，但它似乎找到了新的定位：历史遗产。在这里自驾适合听大门乐队、吉米·亨德里格斯和鲍勃·迪伦的歌——都是这部影片的配乐。

更多目的地详情请参考
Lonely Planet《美国》

Trevi Fountain

特雷维喷泉，罗马，意大利

《甜蜜的生活》（*La Dolce Vita*），1960年

在罗马的2000多座喷泉中，瑞典性感女神安妮塔·艾格宝选择跳进了特雷维喷泉。这段午夜喷泉戏水堪称电影史上的经典一幕，也为费德里科·费里尼赢来了一尊金棕榈奖杯，它还让全世界记住了建于18世纪、宽50米的巴洛克建筑奇迹。如今，特雷维喷泉已经永远与电影所呈现的一切迷人、快乐和心动的元素联系在了一起。

更多目的地详情请参考
Lonely Planet《意大利》

Long Beach

长滩，加利福尼亚，美国

《王牌播音员》
（*Anchorman: The Legend of Ron Burgundy*），2004年

“这个城市是在1904年被德国人发现的，他们把它命名为圣迭戈，在德语里是‘鲸鱼的阴道’的意思。”电影里，新闻播音员罗恩·博根狄在泡妞时这么介绍他所生活的城市。罗恩·博根狄是圣迭戈的王牌播音员，但同样也是一个小丑般的人物，在那个还没流行“妇女能顶半边天”的时代，当他遇上美丽性感的维罗妮卡这样的竞争对手，他的境遇开始急转直下。影片中几乎所有外景都是在圣迭戈北边193公里的长滩拍摄的。

更多目的地详情请参考
Lonely Planet《美国西部》

“因为我已摆脱一切束缚，寻求更美好刺激的人生，我承认我不惜冒险。”

©JOHN HARPER/GETTY IMAGES

Ko Phi Phi Lee

小皮皮岛，泰国

《海滩》
（*The Beach*），
2000年

“你知道吗？有个海滩非常美丽，就像人间仙境，我想忘掉它，但它不断浮现……”在这部立足于背包客文化的电影中，一间泰国小旅馆里，那个眼神迷离的男人从楼道窗户里探出头，一边吸着大麻，一边向主角理查描述那个完美的、潟湖般的海滩。理查一行寻找乌托邦的旅程由此开始。而这个神秘地图上的海滩，就是泰国的浮潜胜地——小皮皮岛，它跟著名的皮皮岛是一对姐妹岛。

真实的小皮皮岛并没有像影片中那样峭壁围绕，片中的山峰是后期制作的假山。影片拍摄时，剧组在皮皮岛马雅海滩砍掉了许多椰树，并破坏了部分绿地，7年后他们收到了泰国高等法院的判决书。

更多目的地详情请参考
Lonely Planet《泰国》

Hotel Sidi Driss

希迪德里斯酒店，马特马他，突尼斯

《星球大战4：新希望》
（*Star Wars: Episode IV - A New Hope*），
1977年

“当我在1977年准备为星球大战第一部选择理想的拍摄地时，我发现突尼斯是拍电影的理想去处。这里有美丽的风景、奇特的建筑，以及适合不同题材、背景的景点和城市。”星球大战系列电影的导演兼编剧乔治·卢卡斯说。事实上，他把天行者家族的故乡——距离宇宙中心最远的沙漠行星塔图因放在了突尼斯，R2-D2和C-3PO坠落于此，由此开启了卢克·天行者作为绝地武士的旅程。

如今，突尼斯吸引着世界各地的星战骨灰粉，不少人会穿上经典的暗红色披风，寻访一个个充满外星感的片场，希迪德里斯酒店就是其中一处。而最适宜在这个国家旅行的季节是晚春和晚秋。

更多目的地详情请参考
Lonely Planet *Tunisia*

Highclere Castle

海克利尔城堡，汉普郡，英国

《唐顿庄园》（*Downton Abbey*），2010~2015年

电视剧《唐顿庄园》第一季刚开场，观众们就看到了庄园那威严的建筑以及周围的茵茵绿草。因为这部英国时代剧的走红，拍摄地海克利尔城堡在旅行者中有了新的名字——唐顿庄园。城堡始建于1839年，它有着哥特式的精美塔楼，内部也富丽堂皇，城堡外还有满园的参天大树。

电视剧缅怀了消逝的英国贵族社会秩序，而从这栋建筑里，你仍可以从气派的装潢和丰富的藏书中感受到英国贵族的气质。如今这里仍是私人处所，但每年的春夏季和复活节期间，慷慨的主人都会将城堡向公众开放60~70天的时间。

更多目的地详情请参考
Lonely Planet《英国》

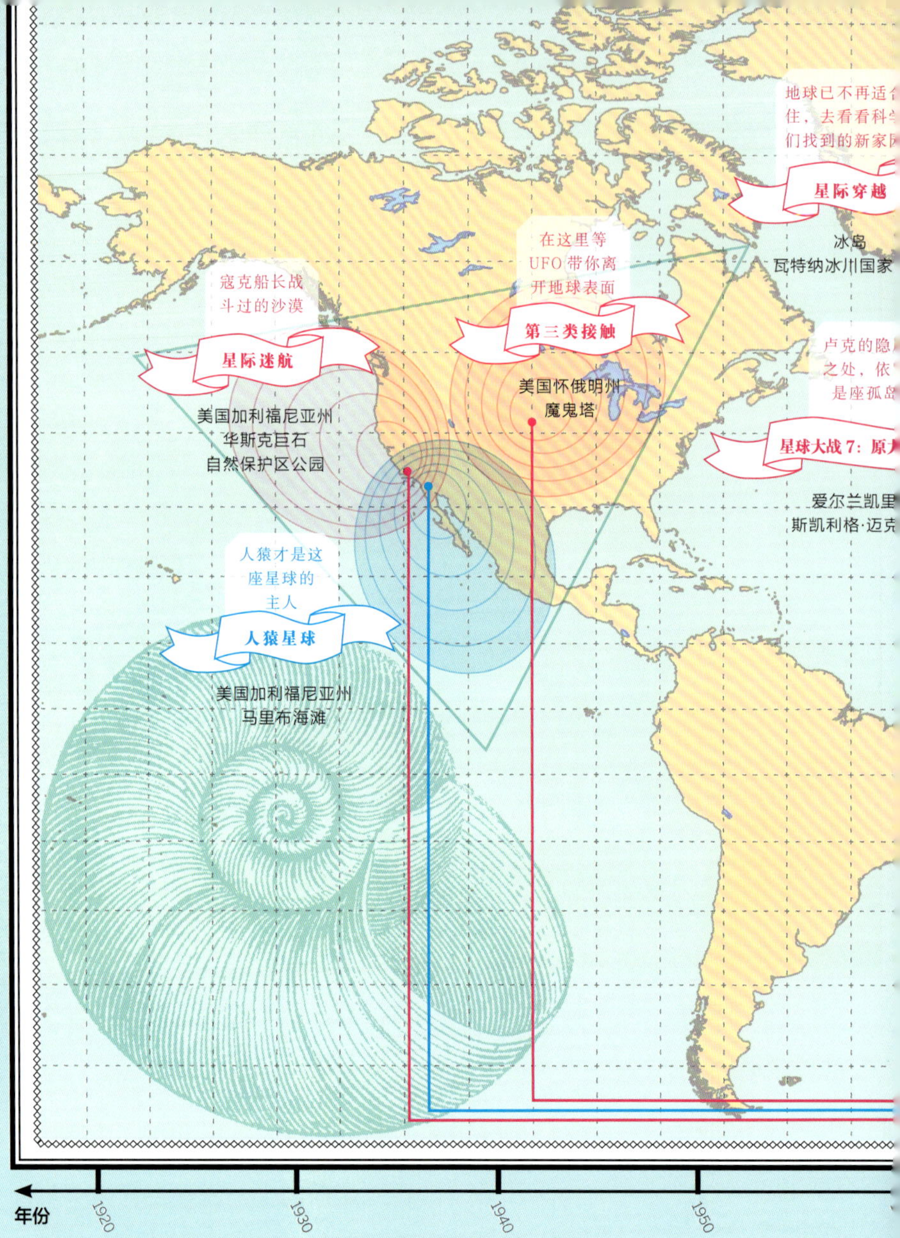

电影里的虚拟世界，
我们帮你找到了

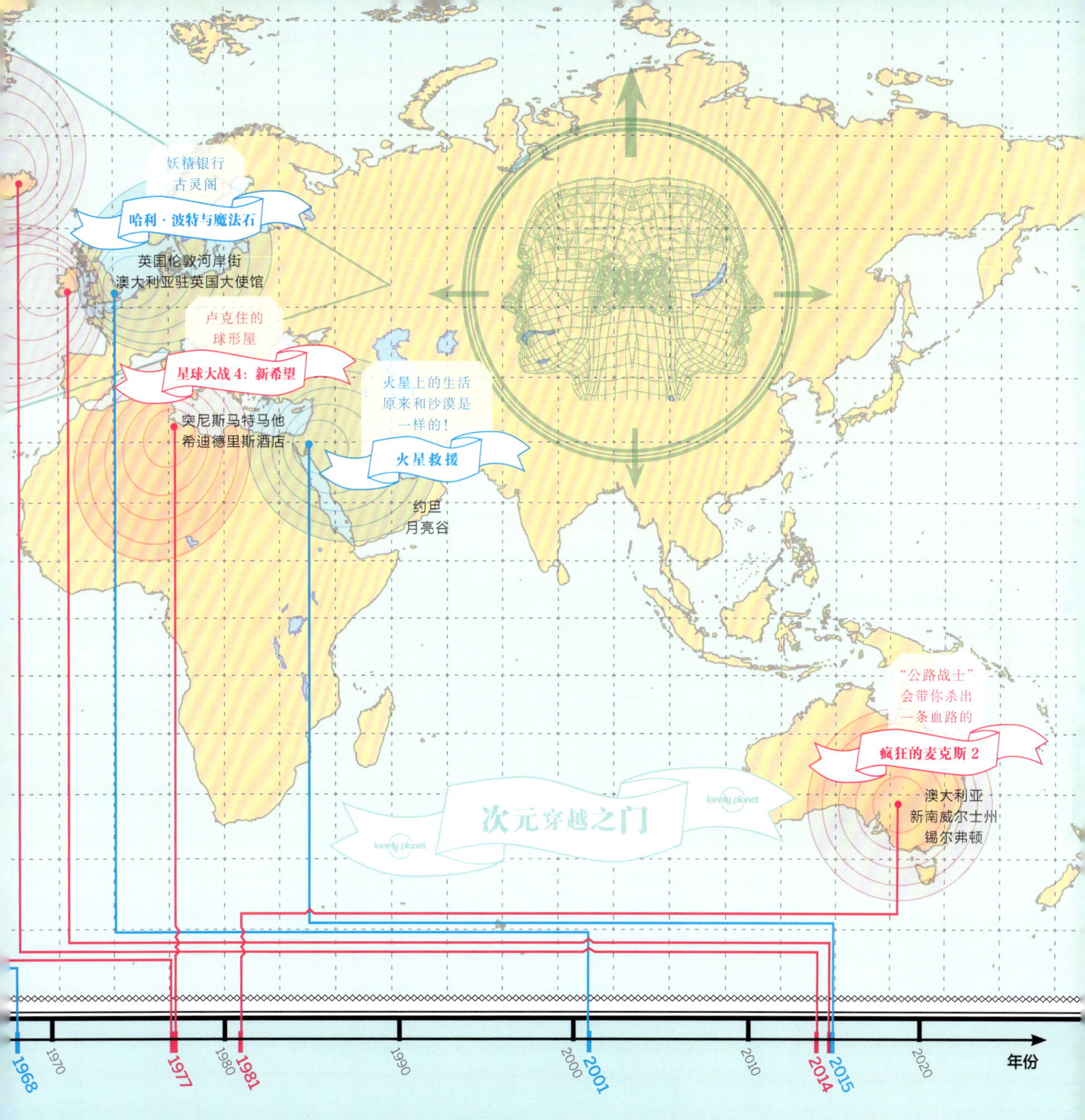
妖精银行
古灵阁
哈利·波特与魔法石
英国伦敦河岸街
澳大利亚驻英国大使馆
卢克住的
球形屋
星球大战 4：新希望
突尼斯马特马他
希迪德里斯酒店
火星上的生活
原来和沙漠是
一样的！
火星救援
约旦
月亮谷
"公路战士"
会带你杀出
一条血路的
疯狂的麦克斯 2
澳大利亚
新南威尔士州
锡尔弗顿
次元穿越之门
lonely planet
lonely planet
1968
1970
1977
1980
1981
1990
2000
2001
2010
2014
2015
2020
年份

“从我遇见你的那天起，我所做的每一件事，就是为了靠近你。”

Fushimi-Inari Taisha

伏见稻荷大社，京都，日本

《艺伎回忆录》
（*Memoirs of a Geisha*），
2005年

小百合走在路上只是随便看了男人一眼，就让对方连人带车撞向了电线杆。在这部讲述京都祇园艺伎成长史的电影中，章子怡、巩俐、杨紫琼完美诠释了东方式的美与优雅。虽然此片大部分场景是在美国搭的，不过幼时小百合在层层叠叠朱红色的千鸟居下奔跑而过的神社，是京都著名的神社伏见稻荷大社。行走在京都的街头，白天与你擦肩而过的和服女子大多是游客；入夜后，暗香浮动的小巷间，才有真正的艺伎踏着小碎步而来。

更多目的地详情请参考
Lonely Planet《东京到京都》

Conanicut Island Light

科纳尼卡特岛灯塔，罗德岛州，美国

《月亮升起之王国》（*Moonrise Kingdom*），2012年

美国独立电影导演韦斯·安德森所展现的视觉效果表现力几乎无人能及，在他的电影中，每一帧都像是从一本精美的图画书中走出的画面。例如这个关于两个早熟的12岁孩子相爱、私奔的故事，被安德森拍得非常唯美，两个孩子的夏季大冒险既不失初恋的青涩，又带有魔幻、浪漫色彩。而电影里这座遗世孑立的灯塔正是两个孩子成长与蜕变的见证。

更多目的地详情请参考 Lonely Planet《美国》

©RYAN PYLE/CONTRIBUTOR/GETTY IMAGES

Jökulsárlón

冰河湖，冰岛

《007之择日而亡》（*Die Another Day*），2002年

飞车追逐战是007系列影片的常用桥段，在这部影片中，邦德与反派Zao的飙车对决在冰河湖冰蓝色的天地间上演，赤红色的巨大火焰在古老的冰川间炸开，而危机中的邦德却始终稳健自若，还潇洒地秀了一把反转车身躲避导弹的技术。要什么严谨的剧情呢？对007迷来说，看场激动人心的战斗已经足够了。

不过，由于冰河湖靠近大海，旅行者在这里更有可能看到的是漂浮在蓝色湖面上的巨大冰块，而非片中广袤的冰原。没有片中的反派大本营“冰宫”，在浮冰上晒太阳的海豹们才是冰河湖真正的居民。

更多目的地详情请参考
Lonely Planet《冰岛》

Twisters，阿尔伯克基市伊斯莱塔大道4257号，新墨西哥州，美国

《绝命毒师》（*Breaking Bad*），2008~2013年

谁能想到路边炸鸡店底下竟然是个制毒工厂呢？正是因为这种大隐隐于市的反差，连锁炸鸡店“Los Pollos Hermanos”成了电视剧中整个毒品犯罪帝国的核心地带，每家分店都是一个跨境毒品交易点。店老板“炸鸡叔”也因为混合着儒雅、谋略和歹毒的谜之魅力而圈粉无数。这间纯属虚构的餐厅甚至在社交媒体上还拥有自己的账号，剧组为了宣传剧集而拍的餐厅“假广告”也深受网友欢迎。

炸鸡店是假的，取景地Twisters餐厅却是真的，这间坐落在美国新墨西哥州阿尔伯克基市的餐厅主营当地菜肴，主要特色不是炸鸡，而是玉米煎饼，曾先后四次荣获当地杂志评选的“最佳墨西哥玉米煎饼奖”。

更多目的地详情请参考
Lonely Planet《美国》

“不管明天发生什么事，把握好今天。如果我们将来偶然相遇，那也很好，我们会成为朋友。”

Edinburgh

爱丁堡，英国

《一天》（*One Day*），2011年

Emma与Dexter相识于大学毕业那天，此后的20年里，每年毕业纪念日他们都会重聚，分享彼此的生活点滴，这份感情，是友情也是爱情。遗憾的是，当两人终于走到一起，迎接他们的却是生离死别。20个7月15日串起了一段浪漫、温暖、又酸楚的爱情故事。故事始于爱丁堡，也在爱丁堡结束。城堡已1500岁高龄，即使新城历史也能追溯200年，爱丁堡不算大，每年慕名而来的观光客却是常住人口（不足50万）的20倍。你可以登上亚瑟王座，眺望脚下的城市与远处的大海，这里也是Emma与Dexter友情开始的地方。

更多目的地详情请参考
Lonely Planet《英国》

“在我因悲伤迷失于荒野后，我终于在森林中找回了自我。”

Pacific Northwest Trail

西北太平洋步道，美国

《走出荒野》（*Wild*），2014年

在北美最具挑战的荒野和最令人惊叹的景致中，唯有这条约1770公里长的徒步路线最能挑战人类体能极限。美国女作家谢莉尔·斯瑞德走完了它，并将这段经历写成游记和回忆录，而据此改编的电影同样精彩和发人深省。

更多目的地详情请参考Lonely Planet《美国》

"勇踏前人未至之境。"

Vasquez Rocks
Natural Area Park

华斯克巨石自然保护区公园，加利福尼亚州，美国

《星际迷航》（*Star Trek*），1966~1969年

华斯克巨石自然保护区公园位于洛杉矶北郊的纽霍尔，它得名于曾经隐匿在此、臭名昭著的墨西哥强盗华斯克。史前的洪水和地震造就了广袤的巨岩怪石景观，而岩石的质地和颜色则记录了地球演变的秘密。

无数的西部片和科幻片都来这里取过景，每年都有超过200个镜头在这里拍摄，尽管出镜率如此高，但"寇克的岩石"是它永远的名字，因为在《星际迷航：原初》第一季的"Arean"一集中，企业号舰长詹姆斯·寇克与类蜥蜴人Gorn的对决就发生在这里，Gorn那副呆头呆脑、力大无穷的蠢萌形象实在是太深入人心了。

更多目的地详情请参考
Lonely Planet《美国》

“你自称为不羁野性，却怕别人把你关在笼子里，但你已身处樊笼，是你亲手建起来的……不管你往哪儿去，你总受困于自己。”

Tiffany & Co

蒂芙尼公司，纽约下曼哈顿区，美国

> **《蒂凡尼的早餐》（*Breakfast at Tiffany's*），1961年**

清晨打车回家的女主角霍莉没有直接回她的出租屋，而是在纽约第五大道727号蒂芙尼珠宝店下了车，在橱窗边看了一会儿才走回去。她穿着黑色晚礼服，一身珠光宝气，吃着手里的早餐，墨镜遮不住满眼的渴望。这个俏皮而虚荣的姑娘想在蒂芙尼找到什么？

诞生于纽约的蒂芙尼公司从1837年开始设计和销售高档珠宝，而随着奥黛丽·赫本在影片中向橱窗投去的注视，它成为浪漫爱情和婚礼钻戒的代名词，同时也代表着20世纪中叶，人们对商业中心曼哈顿的一切浮华想象。这家商店忙碌至今，并且还在2017年特地开了一家咖啡店，满足影迷们“在蒂芙尼吃早餐”的愿望。

更多目的地详情请参考
Lonely Planet《美国》

“尽管如此，你是否得到此生所想？”“是的。”“那你想要的是什么？”
“能自称被爱，能真正感受到被爱。”

©ADELA LOCONTE / CONTRIBUTOR/GETTY IMAGES

St James Theatre

圣詹姆斯剧院，纽约百老汇，美国

《鸟人》（*Birdman*），2014年

男主角里根是个过气电影明星，曾经因为扮演超级英雄“鸟人”而大红大紫，如今想在纽约百老汇的剧场里找到演员的尊严。他倾尽所有，自己改编并排演了一出戏剧：《当我们谈论爱情的时候，我们在谈论什么？》。鸟人的幻影总是出现，挖苦他沦为渺小苦涩的废物。

在整部电影中，你会随着主角登上明亮的舞台，也会像在剧场中串门的人一般，在昏暗蜿蜒的走廊和楼道中不断穿行，遇见各种人，进入化妆间、更衣室、天台、厨房……沿途的一切都是在纽约百老汇大道的圣詹姆斯剧院拍摄的。平日里这里总是上演经典热门剧目，而这部电影多少能让我们体会剧院幕布后的一切。

更多目的地详情请参考 Lonely Planet《纽约》

Fiordland National Park

峡湾国家公园，新西兰

> 《指环王1：魔戒再现》（*The Lord of the Rings: The Fellowship of the Ring*），2001年

这部电影中的风景奇异又美妙，让人置身于小说原作者托尔金所描绘的中土世界里。那些梦幻的视觉体验一半可以归功于关于魔法的特效，另一半则要归功于新西兰比特效还要美的雄伟峡湾和原始温带雨林。据说，在指环王和霍比特人系列电影的拍摄过程中，剧组曾到这个国家的150多处地方取景。其中，新西兰峡湾国家公园内的米尔福德峡湾就是迷雾山脉的拍摄地之一，这里有成千上万的瀑布和云雾缭绕的山脉。

更多目的地详情请参考
Lonely Planet《新西兰》

“当所有的光亮在黑暗中熄灭时，愿它成为你的光明。”

©DAVID RIVEST/500PX

"无所谓门派的，只要能够无限制地去运用自己的身体，使得在剧烈的运动上也能从心所欲，一心一意，尽量表现自己。"

©JUSTIN FOULKES/LONELY PLANET

The Coliseum

斗兽场，罗马，意大利

《猛龙过江》（*Way of the Dragon*），1972年

在这部李小龙自编自导自演的功夫电影中，罗马是黑帮匪徒横行之地，女主角陈清华经营的餐厅总是受到商业集团的威胁，还以为香港的亲戚替她请来了大律师，结果来的却是土土的乡下壮汉——唐龙。不过，他的拳脚和双节棍功夫确实帮了大忙。

《猛龙过江》是第一部在欧洲实景拍摄的香港电影。没有特效，全靠真功夫，李小龙与空手道世界冠军查克·诺里斯在罗马斗兽场的终极决斗堪称影视经典。这座建于公元72~80年间的宏伟建筑，是古罗马时期贵族观看人兽搏杀的地方，如今它尚存的大半个骨架依旧是罗马的象征。残垣断壁间时常有野猫出没，就像电影里那只观战的小猫一样。

更多目的地详情请参考
Lonely Planet《罗马》

Wiener Riesenrad

维也纳摩天轮，维也纳，奥地利

《第三人》（*The Third Man*），1949年

普拉特游乐场里65米高、建于19世纪的摩天轮是维也纳的地标。改编自格雷厄姆·格林的短篇小说、由卡罗尔·里德执导的电影《第三人》中，“被谋杀”的哈利现身后与马丁斯在摩天轮上的对话堪称全片最令人难忘的场景之一。而另一部著名的文艺片《爱在黎明破晓前》，Jesse和Celine的初吻也发生在这个摩天轮上。这座摩天轮不但是爱情电影里的常客，也早已成为外国旅行者心中浪漫的地标。

更多目的地详情请参考Lonely Planet《欧洲》

“爱情的来临使人的体温上升0.2℃。”

Languedoc

朗格多克，法国

《巴黎野玫瑰》
（*Betty Blue*），
1986年

20世纪80年代，让-雅克·贝奈克斯天马行空般的《巴黎野玫瑰》是法国流行的电影类型。电影中，两个相爱的年轻人住在朗格多克海滩简陋的木屋里，过着无忧无虑的生活，人们觉得再没有别的事比这更酷的了。不过当女主角贝蒂一把火烧了他们的屋子后，人们就不会这么想了。随后两人搬到巴黎居住，境遇变得越来越糟，人们才发现太疯狂的爱情意味着什么。

更多目的地详情请参考
Lonely Planet《法国》

“我死之前，肯定想再看一眼布鲁日。”

Hotel Relais Bourgondisch Cruyce，布鲁日，比利时

《杀手没有假期》（*In Bruges*），2008年

在马丁·麦克唐纳的黑色喜剧中，两名爱尔兰杀手在圣诞期间被派去布鲁日待命，他们入住的运河边历史悠久的木屋酒店被列入欧洲最浪漫的酒店之一。一个杀手很高兴能到“全比利时保存最好的中世纪城市”一游，另一个杀手则因前不久误杀了一个小男孩，内心饱受煎熬，以致于古城里的美景、人文在他眼中都是“该死的布鲁日”。贝尔福钟楼、城堡广场、圣血教堂、鹅卵石街道、比利时啤酒和巧克力等元素贯穿在电影中，堪称电影版的旅行指南。

更多目的地详情请参考 Lonely Planet《欧洲》

“真遗憾你不能留在这儿和我一起，你将明白所有的事，看，周围大海环绕，
我们注定永远漂泊，永远活着。”

State Hermitage Museum

国立埃尔米塔日博物馆，圣彼得堡，俄罗斯

《俄罗斯方舟》（*Russian Ark*），2002年

一个19世纪的法国外交官和一个始终藏于镜头背后的当代人，双双穿越时空，在冬宫里与彼得大帝、叶卡捷琳娜大帝、普希金相遇，并见证了末代沙皇一家最后的晚餐。一镜到底的电影，只有气势恢宏的冬宫（国立埃尔米塔日博物馆）能担此重任。而这种拍摄方式也决定了你完全可以亦步亦趋跟着游览。这座装饰华美、藏品丰富的博物馆值得你给足一整天，且多早进入都不过分。从约旦楼梯进入时，你一定如电影中一样被人流推着走，但是，在冬宫接近关门时，约旦楼梯上几乎空无一人，宣传照般的照片信手拈来。

更多目的地详情请参考
Lonely Planet《俄罗斯》

“好了，听着，我们不要被逮着。”“你在说什么？”“我们往前走吧。”“什么意思？”“走。”

©VICTOR MASCHEK/SHUTTERSTOCK

Dead Horse Point State Park

死马点州立公园，犹他州，美国

《末路狂花》
（*Thelma & Louise*），
1991年

主角塞尔玛和路易斯的公路之旅已经到了末路，在大批警车追赶下，来到黄沙弥漫的峡谷。几天前，她们只是相约一场姐们儿之间的周末出游，而一路经历的一切让她们已经不想再回头。在这部女性主义的经典电影末尾，她们的蓝色福特雷鸟有去无回地开下了悬崖，画面却定格在车子喷出长烟、悬在空中的一瞬间，色彩无比明媚，情绪慷慨而从容。而这一幕的取景地也有个悲壮的名字：死马点。

死马点州立公园有着红色的岩石、淡蓝的天空和东倒西歪、奇形怪状的枯树，淡绿色的科罗拉多河在犹他州大地上切出了壮观的峡谷，在公园里的观景点可以俯瞰这条河流的壮阔。

更多目的地详情请参考
Lonely Planet《美国》

“我和你一生都在研究历史，只能透过史料了解历史，现在我们活在历史中，我们正在创造历史。”

Tower Bridge

塔桥，伦敦，英国

《达·芬奇密码》（*The Da Vinci Code*），2006年

兰登教授被卷入了一起卢浮宫谋杀案，他从达·芬奇的名作中找出一连串线索，进而发现了教会的一个惊天大秘密。影片最后一个小时都在伦敦取景，片中的威斯敏斯特教堂，其外观、街景都是实地拍摄，但因没获准进入教堂内部拍摄，回廊、礼堂等内景在与威斯敏斯特教堂极为相似的林肯教堂拍摄。在影片中一闪而过的泰晤士河全景中，伦敦塔桥是当仁不让的焦点，不要错过站在42米高的桥顶远眺，也不要错过开桥。你还可以登上都市摩天轮的鼻祖——伦敦眼，将泰晤士河畔方圆25英里的景色尽收眼底。

更多目的地详情请参考
Lonely Planet《伦敦》

“若你要和某人共度余生，那么余生开始得越快越好！”

Katz’s Delicatessen，曼哈顿下东区，纽约市，美国

《当哈利遇上莎莉》（*When Harry Met Sally*），1989年

男女之间是否有纯粹的友情？男女主角争论的话题到今天仍然没有过时。这间创始于1888年的犹太风格熟食店，在影片中为香艳又搞笑的戏码提供了场所。再次偶遇的欢喜冤家哈利和莎莉坐在餐厅里聊天，大男子主义的哈利又一次激发了莎莉的反驳欲，为了证明女人要假装满足绝非难事，她旁若无人地学起叫床的样子和声音……四座皆惊，她却俏皮一笑，淡定地吃了一口沙拉。

电影上映后，店员已经数不清到底有多少人来过这里，模仿片中那个一脸蒙圈的邻座老太太，带点羡慕的神情说：“我要她刚刚点过的东西。”店里甚至准备了标示牌，上面写着“这是哈利和莎莉坐过的地方”。

更多目的地详情请参考
Lonely Planet《纽约》

Anji County Bamboo Forest

安吉大竹海，浙江，中国

《卧虎藏龙》（*Crouching Tiger, Hidden Dragon*），2000年

偷了青冥剑的玉娇龙，与李慕白和俞秀莲终于爆发冲突，她与李慕白在竹林间追逐打斗——站在高达30多米还一直晃个不停的竹子上比武，两人既让观众见识了传说中身轻如燕的轻功，也展现了安吉大竹海那翠绿起伏的秀美风光。

这片位于浙江湖州、占地达660多万平方米的林地盛产密林毛竹，一年四季的景致各不相同。春天有漫山遍野的竹笋，夏天婆娑的竹林让人感到凉爽惬意，秋天也依然绿意盎然，到了冬天，雪中的竹林显得静谧安详。每当山风吹过，你会听到竹叶在风中的沙沙声，巨大、寂寥又空旷，就像片中李慕白望着碧眼狐狸救走玉娇龙时听到的那样。

更多目的地详情请参考 Lonely Planet《浙江》

St.Pancras
Renaissance Hotel

圣潘克拉斯万丽酒店，伦敦，英国

《蝙蝠侠：侠影之谜》（*Batman Begins*），2005年

英国导演诺兰尝试脱离夸张的美式英雄主义漫画，重新讲述犯罪克星蝙蝠侠的故事。这部影片带我们追溯了蝙蝠侠诞生的过程，我们同他一起在黑暗腐朽的高谭市迎战邪恶的“稻草人”博士。这个大反派研制致幻药物的精神病院，就取景于伦敦圣潘克拉斯万丽酒店中央的跃层楼梯。

这座历史悠久的酒店像一座英国维多利亚时代的博物馆，它本身就是圣潘克拉斯国际火车站的一部分。这里有着令其自豪的设施，例如欧洲最早的酒店自给供热系统和最早的女士吸烟室。据说当时人们这样形容它的宽敞程度：大厅足够两匹马驰骋，走廊能让两位穿蓬松长裙并肩走过的女士不会互相碰撞。

更多目的地详情请参考
Lonely Planet《英国》

这个房子不简单

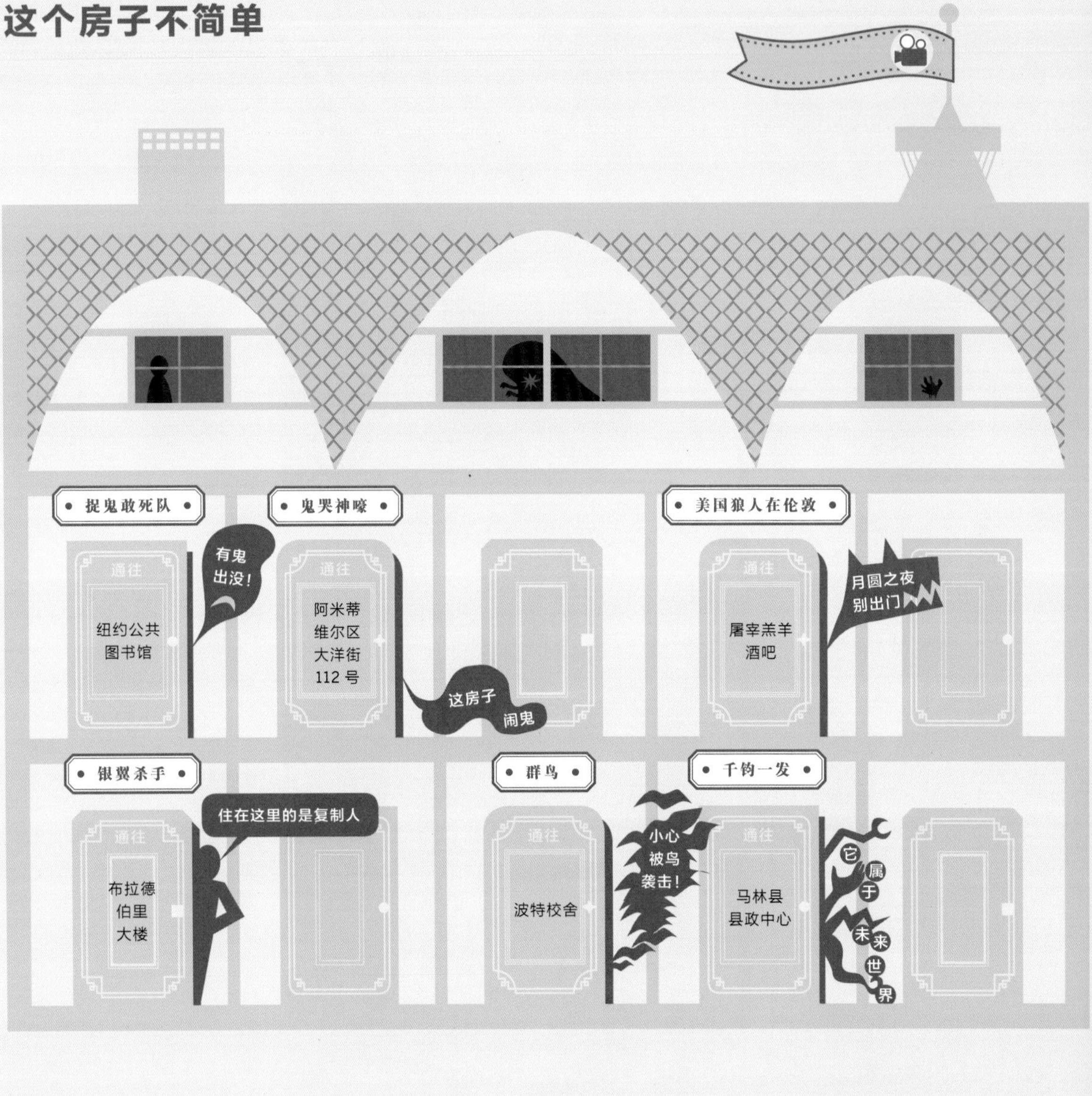
捉鬼敢死队
通往
纽约公共图书馆
有鬼出没！
鬼哭神嚎
通往
阿米蒂维尔区大洋街112号
这房子闹鬼
美国狼人在伦敦
通往
屠宰羔羊酒吧
月圆之夜别出门
银翼杀手
通往
布拉德伯里大楼
住在这里的是复制人
群鸟
通往
波特校舍
小心被鸟袭击！
千钧一发
通往
马林县县政中心
它属于未来世界

住进电影里的酒店

一个惊天大阴谋正在客房上演

旧金山

《迷魂记》中的费尔蒙特酒店

1958

小心变成异教徒的祭祀品

Burrow Head

《异教徒》中的Ellangowan Hotel

1973

在“星战酒店”里，和少年天行者共享一张餐桌

马特马他

《星球大战 4：新希望》中的希迪德里斯酒店

1977

阿加莎就是在这里创作了这场“谋杀案”

阿斯旺

《尼罗河上的惨案》中的阿斯旺传奇老大瀑布索菲特酒店

1978

待你金盆洗手，就来这里隐姓埋名吧

米克诺斯岛

《谍影重重》中的沃拉小威尼斯酒店

2002

透过落地窗，和斯嘉丽一起看东京的夜景

东京

《迷失东京》中的柏悦酒店

2003

“忍者”一把火烧掉的豪宅，蝙蝠侠已重建完毕

伦敦

《蝙蝠侠：侠影之谜》中的圣潘克拉斯万丽酒店

2005

敢不敢与杀手住同一个酒店？不用担心，这场枪战很搞笑

布鲁日

《杀手没有假期》中的Hotel Relais Bourgondisch Cruyce

2008

Maasai Mara National Reserve

马塞马拉国家保护区，裂谷省纳罗克，肯尼亚

> **《走出非洲》**
> **（*Out of Africa*），**
> **1985年**

这部史诗般的电影取材于丹麦作家卡伦·布里克森的同名自传体小说，讲述了一个女性的自我成长。雄浑辽阔的非洲大地，让她从一个爱慕虚荣的富家女变成强健勇敢的女人。她赶着牛群越境，手持长鞭迎战雄狮；耕作贫瘠土地，面对困顿和幻灭；遇见真正的爱人，一起飞过壮丽草原。最后，她也在沉默的大地上接受无常的命运。

如果你还没有机会去肯尼亚探险，那么这部电影无疑也是极好的风光片，里面70%的场景都拍摄于非洲。而那些奔腾跳跃的动物演员则主要生活在马塞马拉国家保护区，每年7月发生在这里的动物大迁徙，都令动物摄影师们激动万分。

更多目的地详情请参考
Lonely Planet《东非》

“我总是两手空空，因为我触摸过所有。我总是一再启程，因为哪里都陋于非洲。”

Australia House

澳大利亚驻英国大使馆，伦敦河岸街，英国

《哈利·波特与魔法石》（*Harry Potter and the Philosopher's Stone*），2001年

哈利·波特系列电影的开山之作。猫头鹰衔来的神秘信件、突然造访的魔法师海格，让哈利的11岁生日过得不同寻常，他就是那个大难不死的男孩，拥有着亦正亦邪的强大天分。“这些我怎么买得起呢？我从来就没有钱。”初入魔法世界，眼花缭乱的他困惑地说。“噢，你的钱在那儿！”海格指了指眼前的古灵阁魔法师银行——除了霍格沃茨，没有什么地方比这里更安全了。

影片中的古灵阁像入了哈哈镜一样歪歪扭扭，它的原型是始建于1913年的澳大利亚驻英国大使馆。可惜的是，除了每年9月最后一周的开放日之外，2楼的内景地平时都不能参观，而且麻瓜的世界也没有妖精银行家。

更多目的地详情请参考 Lonely Planet《英国》

“不要让邪恶进入你的心灵，它会在那里安家的。”

Karnak

卡纳克神庙，卢克索，埃及

《尼罗河上的惨案》（*Death on the Nile*），1978年

根据推理小说大师阿加莎名作改编的电影。一趟尼罗河上的旅行，一场谋杀案，从吉萨金字塔开始埋下伏笔，到一块巨石从卡纳克神庙的石柱上被推下，疑团越滚越大，观众也被带着在真相附近绕圈圈。电影中的阿斯旺传奇老大瀑布索菲特酒店（位于阿斯旺）如今依然存在，阿加莎正是在这家酒店完成了这部小说。40年前拍摄的电影，视觉表现力无法与今天的大片相提并论，选对时间（一早一晚）前往游览，你可能会看到比电影画面更美的风光。

更多目的地详情请参考
Lonely Planet《埃及》

The Potter Schoolhouse

波特校舍，加利福尼亚州，美国

《群鸟》
（*The Birds*），
1963年

波德加湾的这座建于19世纪的红杉校舍成为希区柯克晚期作品中最恐怖的场景。虽然达夫妮·杜穆里埃的原作中并没有这个地方，不过你要知道，如果希区柯克完全复制小说，这部电影将在康沃尔（英国西南部）拍摄，而非加利福尼亚海岸，美国演员蒂比·海德莉（片中米兰妮的扮演者）也必须得模仿英国西南部的口音。

更多目的地详情请参考
Lonely Planet《美国西部》

“你想和我们干什么？该死的，这是我的房子。”

© PAUL HAWTHORNE / STAFF / GETTY IMAGES

112 Ocean Avenue, Amityville

阿米蒂维尔区大洋街112号，纽约州，美国

> **《鬼哭神嚎》**
> **（*The Amityville Horror*），**
> **1979年**

1974年，纽约州长岛阿米蒂维尔区大洋街上的一栋别墅，成了一场臭名昭著的多重谋杀案的事发地——一个23岁的男子杀害了他的六位家人，之后这栋屋里又接二连三发生了灵异事件。大洋街上确有此屋，但它并非电影或小说中的鬼屋，它建在一个古老的美洲原住民的墓地上，阁楼窗户的设计有一种邪恶的感觉，而这正是电影制片人和海报设计师需要的。

更多目的地详情请参考
Lonely Planet《美国东部》

"如你所愿。"

©KEVIN KOZICKI/GETTY IMAGES

The Cliffs of Moher

莫赫悬崖，爱尔兰

《公主新娘》
（*The Princess Bride*），
1987年

莫赫悬崖位于爱尔兰西南部的大西洋沿岸，长2公里、高213米，如卷曲的滚边。当你站在它面前，便会理解为何它能令从后现代主义童话中远航而来的西西里恶棍惊叹发现了“疯狂的悬崖”。

更多目的地详情请参考
Lonely Planet《欧洲》

“人生如此匆匆，如果你不偶尔停下来看看周围，就会错过许多风景。”

©DAN WELLDON/LONELY PLANET

Art Institute of Chicago

芝加哥艺术学院，芝加哥，美国

《春天不是读书天》（*Ferris Bueller's Day Off*），1986年

男主角Ferris Bueller是20世纪80年代美国青少年的偶像，在电影里他有多重身份：逃学高手、科技怪人、艺术爱好者。虽然并非人人都买他的账，但没人会反对他的座右铭：“人生如此匆匆，如果你不偶尔停下来看看周围，就会错过许多风景。”

芝加哥艺术学院是美国第二大艺术博物馆，其收藏的印象派和后印象派艺术家的作品仅次于法国。正如照片中人们驻足在乔治·修拉的名画《大碗岛的星期天下午》前，电影中Ferris Bueller的朋友卡梅伦也深深着迷于这位新印象派大师的代表作。

更多目的地详情请参考Lonely Planet《美国》

“你知道，这就是商演，没有生意，就没有表演。”

Kingston

金斯敦，牙买加

《不速之客》(*The Harder They Come*)，1972年

在1972年的经典犯罪电影《不速之客》中，Jimmy Cliff扮演的雷鬼歌手来到大城市，他满怀理想，渴望摆脱贫困，但生活却跟他开了个玩笑……这是牙买加第一部本土电影，电影中也广泛介绍了牙买加方言、金斯敦贫民窟的生活、拉斯塔法里教文化，尤其是雷鬼音乐。一定要来现场感受一下牙买加的音乐，金斯敦一周7天都会举办不同的派对，和当地人一起狂欢吧！

更多目的地详情请参考
Lonely Planet《牙买加》

“格陵兰只有8个人，是找拇指的好地方。别劈腿，在只有8个人的国家可不行。”

Stykkishólmur

斯蒂基斯霍尔米，斯奈山半岛，冰岛

> **《白日梦想家》**
> **（*The Secret Life of Walter Mitty*），2013年**

旅行可以让人变得勇敢起来吗？在这个故事里，答案是肯定的。腼腆内向、常做白日梦的主角沃尔特是杂志社的胶片总管，在杂志停刊、公司裁员之际，为了找到狂放不羁的摄影师肖恩，他踏上了真正的冒险之旅，第一站就是冰天雪地中的格陵兰岛，他正是在这里发现了拇指照片的线索。不过，剧组的真实取景地是在位于冰岛斯奈山半岛的港口小镇斯蒂基斯霍尔米——事实上，之后的尼泊尔和喜马拉雅山脉也是在冰岛取景的。

据说，斯奈山半岛浓缩了冰岛几乎所有的地貌，而斯蒂基斯霍尔米则是这里的贸易中心，从小镇出发的维京寿司船和西峡湾渡轮游览是很受欢迎的旅行项目。

更多目的地详情请参考
Lonely Planet《冰岛》

“你一定交过很多女朋友。”“是有几个，不过她们都有个问题。”
“她们什么问题？”“她们不是你，甜心。”

Ghost Ranch

幽灵牧场，新墨西哥州，美国

《夺宝奇兵4：水晶头骨王国》（*Indiana Jones and the Kingdom of the Crystal Skull*），2008年

看来导演斯皮尔伯格并不打算让印第安纳·琼斯待在马歇尔大学安心养老，19年后，琼斯仍然摆脱不了冒险的宿命，要与熟悉的牛仔帽、皮鞭和寻宝故事为伴。不过，这次与他较量的不再是“二战”时的纳粹分子，而是“冷战”时的苏联特工。

他们的第一次冲突发生于美国51号空军基地，以保守著称的美国空军当然不会给剧组提供拍摄场地，所以我们看到的基地其实位于幽灵牧场。来到这片被深褐色群山所环抱的壮阔平原，连片中前去夺取基地的苏联军人也情不自禁地沉浸在飙车的喜悦中。让这里闻名于世的还有当地出土的腔骨龙化石，以及长居于此的美国现代主义画家乔治亚·欧姬芙。

更多目的地详情请参考
Lonely Planet《美国》

"我不知道是否我们每个人都有注定的命运，还是我们的生命中只有偶然，像在风中飘。但我想，也许两者都有吧，也许两者都在同时发生着。"

Lincoln Memorial

林肯纪念堂，华盛顿特区，美国

《阿甘正传》（*Forrest Gump*），1994年

傻人有傻福的阿甘，总是奇迹般地闯入各种历史现场。在越南战场九死一生的他，归来后先是被总统约翰逊授予勋章，又阴差阳错混入反战人士的集会现场，在林肯纪念堂和倒影池之间发表演讲……就在音响断电的尴尬时刻，他突然见到了阔别多年的珍妮，他们穿过人群，在倒影池中欣喜万分地拥抱，不明就里的人群朝着这对越战军人和反战嬉皮士欢呼。

这些富有象征意义的情节，就在最能代表美国精神的地标——林肯纪念堂上演。它是为纪念第十六届总统亚伯拉罕·林肯而建的，致力于反种族歧视的黑人牧师马丁·路德·金，也是在这里发表了他的著名演说"我有一个梦想"。

更多目的地详情请参考Lonely Planet《美国》

Griffith Observatory

格尔菲斯天文台，洛杉矶，美国

《无因的反叛》
(*Rebel Without a Cause*)，
1955年

作为世界最著名的天文馆，在格尔菲斯天文台取景的影视作品多达上百部，而《无因的反叛》无疑赋予了它最鲜明的文化意义。24小时之内，男主角吉姆和同学们在天文台听了那场富有寓意的宇宙大爆炸讲座，巴兹因飙车而坠亡，柏拉图在门口的台阶上死去。天文台如同希腊神庙一般的外观，更凸显了故事的悲剧色彩。

影片准确洞察了战后美国"垮掉的一代"的苦闷与烦恼，吉姆的红夹克、牛仔裤、飞机头和似笑非笑的神情，成为影迷眼中叛逆英雄的典范。如今，主演詹姆斯·迪恩的半身铜像仍矗立于天文台前，2018年的电影《爱乐之城》还特意用最浪漫的一幕来向这部电影致敬。

更多目的地详情请参考
Lonely Planet《美国》

“面对这浩瀚的宇宙，人类的问题是自己的粗暴和无知。人类在这宇宙中是孤独的，只是一个微不足道的微小个体。”

Himeji Castle

姬路城，
姬路市，兵库县，
日本

《乱》
（*Ran*），
1985年

老主公秀虎把自己的三座城分给了三个儿子，被驱逐的三儿子得到的“第三城”，就取景于姬路城的天守阁。姬路城最早建成于1346年，现存的建筑则大多建于17世纪早期，它拥有高度发达的防御系统，城内的83座建筑中有8座被视为日本国宝。

拍摄这部电影时，正值暮年的导演黑泽明希望“从上天俯瞰苍生的角度”来展现人世的“业”，剧本由莎翁名作《李尔王》和日本民间“毛利元就命子折箭”的故事改编，尽管他当时已经几近失明，影片却仍保持着一贯的水准：色彩鲜艳明亮，画面干净优美，场面恢弘悲壮。天守阁在片中无疑是悲剧最极致的发生地：火焰、追兵与老主公的穷途末路。

更多目的地详情请参考
Lonely Planet《日本》

“或许我们只适合于那种偶遇，在温暖的天气里，漫步在欧洲街头。”

Paris

巴黎，法国

《爱在日落黄昏前》（*Before Sunset*），2004年

“爱在”系列的第二部。9年后，杰西在巴黎举办签售会，与赛琳娜重逢。这一次他们的相聚时间只有75分钟，他们穿梭在巴黎一条条狭窄的鹅卵石街巷间，从巴黎圣母院附近的码头坐船游览塞纳河。他们一路走一路聊的拉丁区紧靠著名的左岸，同样浸润着浓浓的文学气息，这里有很多很棒的书店，电影中两人的重逢地——莎士比亚书店曾经孕育了海明威笔下“迷惘的一代”。你还能在这一带找到詹姆斯·乔伊斯、乔治·奥威尔的公寓。

更多目的地详情请参考
Lonely Planet《巴黎》

Shizuoka

静冈县，日本

《海街日记》（*Our Little Sister*），2015年

这应该是影片中最美的一幕：少女小铃坐在男孩风太的自行车后座，穿越空无一人的樱花隧道，乐声响起，春日暖阳照在她动人的脸上。在日本导演是枝裕和隽永温柔的镜头下，没有父母的四姐妹在镰仓组成了美好亲密的家庭，姐妹之间的情感消解了上一代无解的恩怨。不过，跟电影中大部分场景不同，这一幕的取景地在富士山下的静冈县，可爱的小丸子的故乡，附近就是温泉遍布的伊豆半岛。

更多目的地详情请参考
Lonely Planet《日本》

“这是我们各自的命运，这是我们各自的孤苦，没有一场救赎能轻易了却残生。”

©MARK BASSETT/ALAMY STOCK PHOTO

Park Hyatt Hotel

柏悦酒店，东京新宿区，日本

《迷失东京》（*Lost in Translation*），2003年

如果没有索菲亚·科波拉在《迷失东京》中营造的浪漫感，那么即使是住进东京新宿区由丹下健三设计、14层玻璃摩天楼里的奢华酒店柏悦，也终有厌倦之日。影片中，一个寂寞的美国女人，一个面临中年危机的美国男人，每天在这座城市工作或游走，却始终感觉心无所寄，直到他们相遇，相伴而行，才令短暂的东京生活美妙起来。

更多目的地详情请参考 Lonely Planet《东京到京都》

Grafton Street

格拉夫顿街，都柏林，爱尔兰

《曾经》
（*Once*），
2007年

在约翰·卡尼的这部音乐爱情电影中，一位捷克女子在格拉夫顿街邂逅了一位有才华的街头艺人，接下来发生的事可不只是路人朝街头艺人的帽子里扔几个硬币这么简单，他们共同创作，一起录制唱片，一步步接近梦想。漫步都柏林，你会发现这确实是一条筑满梦想的街道。

更多目的地详情请参考
Lonely Planet《欧洲》

“一种情怀从她心底涌出，生活于她，变得如此简单透彻，一股爱的冲动，如同帮助全人类的渴望，瞬间将她淹没。”

©CHRISTIAN BERTRAND/GETTY IMAGES

Café des 2 Moulins

双风车咖啡馆，蒙马特高地，巴黎，法国

《天使爱美丽》(*Amélie*)，2001年

巴黎女孩爱美丽在自己家的墙洞里发现了一只铁盒，里面装着几十年前那个陌生住户的童年记忆，这让她想要试着参与别人的生活，而许多人也因她而有了改变。这部浪漫风趣、充满优美细节的法国电影，讲述了那些敏感孤独的心灵向外敞开的可能。

和巴黎街头那些热闹的咖啡馆一样，爱美丽工作的咖啡店无疑是片中人们交流最密切的场所。总幻想自己有病的烟摊老板，爱把手指关节弄得咔咔响的服务员，怀才不遇的作家，控制欲爆棚的无聊男子，还有爱美丽暗恋的尼诺……人们在这里相遇，生活流动向前。这家咖啡馆真实存在着，就坐落在著名的红磨坊和煎饼磨坊之间。

更多目的地详情请参考 Lonely Planet《巴黎》

“剑道无亲，不与圣人同忧。汝今剑术已成，唯不能斩绝人伦之情。”

Wudang Mountains

武当山，湖北，中国

《刺客聂隐娘》
（*The Assassin*），
2015年

传说武当山上保存了62座宫殿、寺庙、尼姑庵和神龛。7世纪时，武当山是中国道教的中心，它还是中国武侠电影中武当派的发源地。拍摄武侠电影不是件容易的事，武侠当然也不只是打打杀杀，李安（《卧虎藏龙》的导演）和侯孝贤（《刺客聂隐娘》的导演）等都为我们展现了细腻精致的武侠艺术。

更多目的地详情请参考
Lonely Planet《湖北》

San Francisco

旧金山，
加利福尼亚州，美国

《迷魂记》
(*Vertigo*)，
1958年

©ANDREW MONTGOMERY/LONELY PLANET

你可以跟着女主角的脚步漫步旧金山，但别“入戏太深”，以免和她一样陷入无尽悔恨和浪漫妄想的困境中。在这部曾被英国某杂志评为“影史十大影片”之一的电影中，女主角不断被人跟踪，以致精神恍惚，最后从高塔上“跳楼自杀”。且慢，希区柯克式的悬疑岂会这么快结案……电影中的费尔蒙特酒店（它的曾用名是帝国饭店）如电影一样经典，除了《迷魂记》，它还出现在《石破天惊》等电影里。

更多目的地详情请参考
Lonely Planet《美国西部》

Oresund Bridge

厄勒海峡大桥，丹麦和瑞典

《桥》
（*The Bridge*），
2011年

2000年建成、长12公里的厄勒海峡大桥，一半属于瑞典马尔默，一半属于丹麦哥本哈根，有趣又奇幻的是，桥身的一半浮于海上（跨海大桥），一半潜入海下（海底隧道）。它出现在这部瑞典和丹麦联合制作的黑色犯罪电视剧里，可不仅仅是为了让你欣赏世界桥梁建筑奇观。一具被腰斩的尸体被扔在了这座大桥的国界线上，可怕的是，尸体的上半身和下半身竟不是同一个人，而这只是一系列谋杀案的开始……

更多目的地详情请参考
Lonely Planet《北欧》

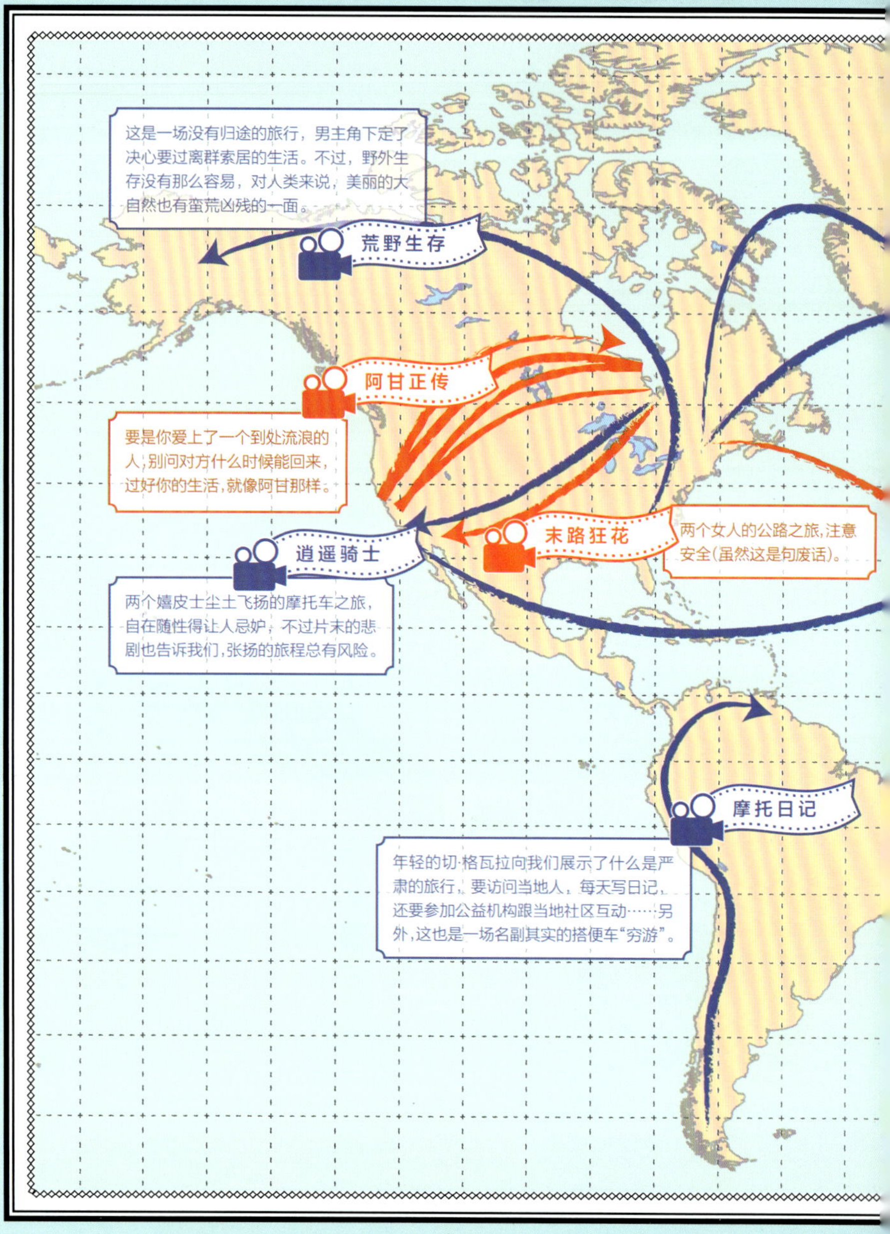

这是一场没有归途的旅行，男主角下定了决心要过离群索居的生活。不过，野外生存没有那么容易，对人类来说，美丽的大自然也有蛮荒凶残的一面。
荒野生存
阿甘正传
要是你爱上了一个到处流浪的人，别问对方什么时候能回来，过好你的生活，就像阿甘那样。
末路狂花
两个女人的公路之旅，注意安全（虽然这是句废话）。
逍遥骑士
两个嬉皮士尘土飞扬的摩托车之旅，自在随性得让人忌妒，不过片末的悲剧也告诉我们，张扬的旅程总有风险。
摩托日记
年轻的切·格瓦拉向我们展示了什么是严肃的旅行，要访问当地人，每天写日记，还要参加公益机构跟当地社区互动……另外，这也是一场名副其实的搭便车“穷游”。

电影中的旅行者

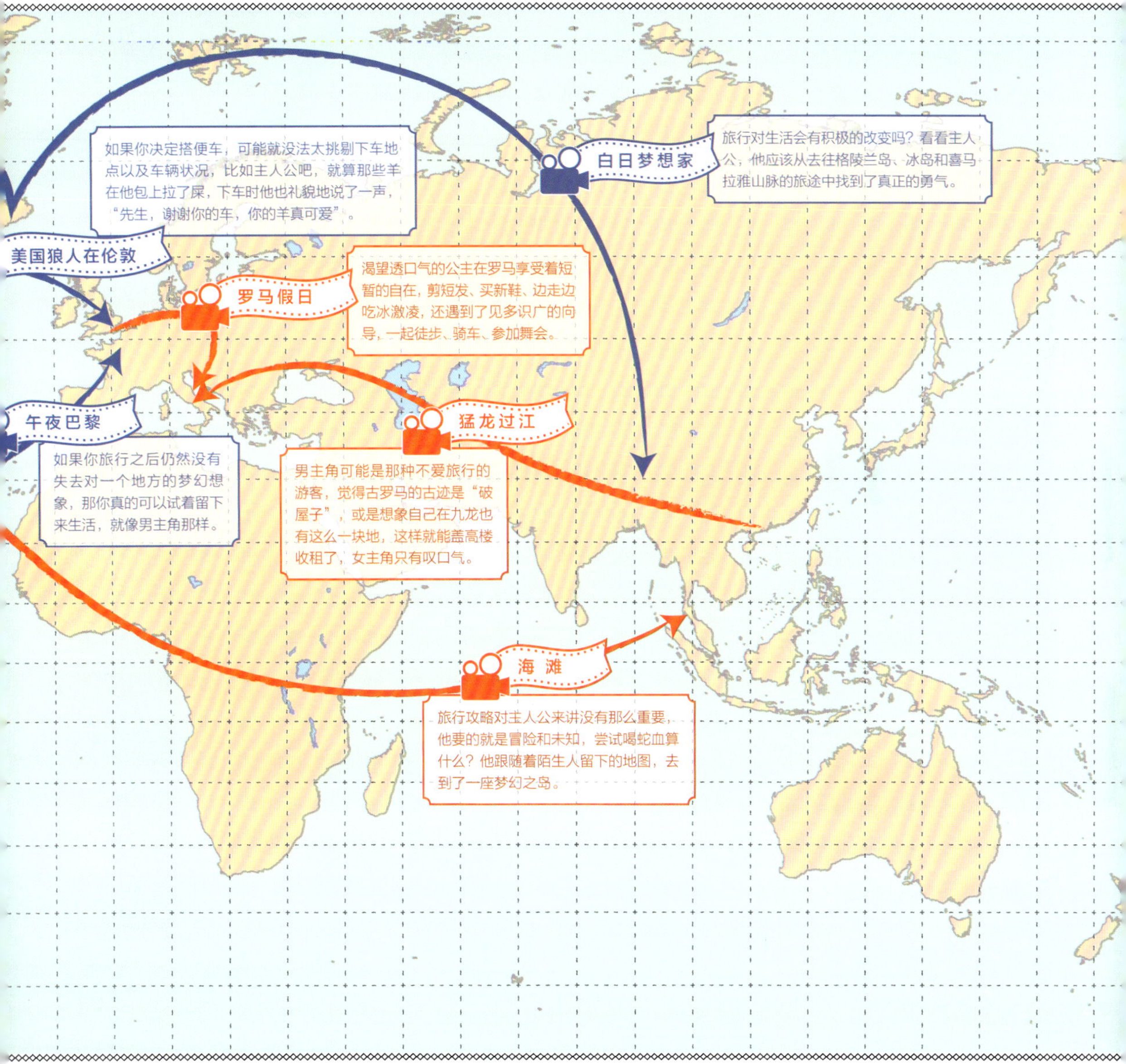

美国狼人在伦敦
如果你决定搭便车，可能就没法太挑剔下车地点以及车辆状况，比如主人公吧，就算那些羊在他包上拉了屎，下车时他也礼貌地说了一声，"先生，谢谢你的车，你的羊真可爱"。
白日梦想家
旅行对生活会有积极的改变吗？看看主人公，他应该从去往格陵兰岛、冰岛和喜马拉雅山脉的旅途中找到了真正的勇气。
罗马假日
渴望透口气的公主在罗马享受着短暂的自在，剪短发、买新鞋、边走边吃冰激凌，还遇到了见多识广的向导，一起徒步、骑车、参加舞会。
午夜巴黎
如果你旅行之后仍然没有失去对一个地方的梦幻想象，那你真的可以试着留下来生活，就像男主角那样。
猛龙过江
男主角可能是那种不爱旅行的游客，觉得古罗马的古迹是"破屋子"，或是想象自己在九龙也有这么一块地，这样就能盖高楼收租了，女主角只有叹口气。
海 滩
旅行攻略对主人公来讲没有那么重要，他要的就是冒险和未知，尝试喝蛇血算什么？他跟随着陌生人留下的地图，去到了一座梦幻之岛。

Malibu Beach

马里布海滩，洛杉矶，加利福尼亚州，美国

《人猿星球》
（*Planet of the Apes*），
1968年

同电影《四百击》一样，《人猿星球》也将最后一个镜头设在这里——查尔登·海斯顿、琳达·哈里逊在海滩上看到自由女神像。在这个电影史上著名的结尾中，纽约的自由女神像被奇妙地“移位”到了洛杉矶的马里布海滩。马里布海滩在美国西部的众多海滩中颜值算不得高，但它以冲浪闻名，还深得好莱坞明星喜欢，芭芭拉·史翠珊、达斯汀·霍夫曼等都居住于此。

更多目的地详情请参考
Lonely Planet《美国》

"我一直都想，冲开门，让阳光洒进来，把一切都清洗干净。"

Ischia

伊斯基亚，那不勒斯湾，意大利

《天才瑞普利》（*The Talented Mr. Ripley*），1999年

那不勒斯湾的蔚蓝大海映衬着一些仿佛水彩画的渔村，例如保存完好、鲜为人知的菲诺港，而伊斯基亚一看就是20世纪60年代的顶级富豪们喜欢的消遣娱乐之地。电影中，裘德洛扮演的船王之子，一身奶油色亚麻布休闲装，整日无所事事，在"靡靡之音"爵士乐的伴随下抽着烟，享受着这里的阳光海滩，但他最后被马特·达蒙扮演的"天才瑞普利"谋杀，还被后者盗用了身份……

更多目的地详情请参考
Lonely Planet《意大利》

DENNIS K. JOHNSON/GETTY IMAGES

Doune Castle

杜恩城堡，斯特灵，英国

《巨蟒与圣杯》（*Monty Python and the Holy Grail*），1975年

建于13世纪、14世纪末由奥尔巴尼公爵重建的杜恩城堡，是典型的中世纪要塞，70米高的门房内包括居所、两个警卫室，厚厚的防御土墙看起来坚不可摧，以致于每次亚瑟王和他的圆桌骑士为寻找圣杯经过这里时，都会受到城堡上警卫带着法国式重口音的嘲笑和辱骂，例如：“你母亲是只仓鼠，你父亲身上有一股接骨木果的味道。”

更多目的地详情请参考 Lonely Planet《英国》

Burrow Head，英国

《异教徒》（*The Wicker Man*），1973年

看看眼前这片美得令人窒息的土地，让人不得不为古代异教徒的尽责守护肃然起敬。异教徒是否真的在这里举行活人祭祀传统无法考证，但它无疑是个五朔节跳祭祀舞的好地方。

虽然1973年这部恐怖电影的主要拍摄地是赫布里底群岛，但Burrow Head确实也作为异教徒圣地在电影中出现过，直到最近，人们还找到了剧组烧掉的异教徒道具残余，而“柳条人”的聚会场所正是苏格兰的酒店Ellangowan Hotel。

更多目的地详情请参考Lonely Planet《英国》

“决定我们成为什么样的人的，并不是我们的能力，而是我们的选择。”

©NICK FOX/SHUTTERSTOCK

Glenfinnan Viaduct

格伦芬南高架桥，因弗内斯郡，英国

《哈利·波特与密室》（*Harry Potter and the Chamber of Secrets*），2002年

每学期开学前，5972号蒸汽火车都会从伦敦国王十字车站九又四分之三月台出发，开往霍格沃茨魔法学校。哈利和罗恩赶丢了火车，只好开着会飞的老福特车赶路。就在格伦芬南高架桥上，他们差点被列车追尾，没系安全带的哈利还被甩出了车门。

作为苏格兰最古老的铁路桥，格伦芬南高架桥无疑是西部高地线上最美的一段，它由21个高30米、跨度15米的拱门组成，在冰川湖畔划出一道长达391米的优美弧线。在2007年苏格兰银行发行的10英镑钞票上也能看到它的身姿。

如今，从威廉堡到马莱格的火车常年经过这里，哈利·波特迷们会通过搭乘Jacobite公司运营的蒸汽火车或是徒步登桥前来朝圣。

更多目的地详情请参考
Lonely Planet《英国》

"如果你留在这里，这里就会变成你的现在，不久以后，你就会开始想象另一个时代才是黄金时代。"

Le Polidor

波利多餐厅，巴黎，法国

《午夜巴黎》（*Midnight in Paris*），2011年

人人心中都有个最好的时代。对怀揣文学梦的主角吉尔来说，那就是20世纪20年代的巴黎。他想象自己留在这里写作，去咖啡店随手写写书，远离美国的纷纷扰扰；渴望在街头漫步，邂逅雨中光彩夺目的巴黎……魔幻的是，他竟然跟着午夜巴黎街头的一辆老派标致车"穿越"到了过去，在波利多餐厅结识了海明威、毕加索、菲茨杰拉德、达利和斯坦因等人，还恋上了毕加索和莫迪尼亚里的情人阿德里亚娜——他们确实都是过去这家餐厅的常客。

位于塞纳河左岸的波利多餐厅，最大限度地保留了一个半世纪以前的风貌，在这里用餐，你吃到的将会是在片中"露脸"的文学艺术巨匠们常吃的传统法国菜。

更多目的地详情请参考
Lonely Planet《巴黎》

San Nicolò dei Mendicoli

圣尼科洛乞丐教堂，威尼斯，意大利

《威尼斯疑魂》
(*Don't Look Now*)，
1973年

威尼斯的气质很适合衬托尼古拉斯·罗格电影（根据达芙妮·杜穆里埃小说改编）中一对悲痛欲绝的夫妇神秘和忧心的情绪。电影中，正在修复建于12世纪的圣尼科洛乞丐教堂的古建修缮专家（由唐纳德·萨瑟兰饰演）看到了一袭红衣的身影，很像自己死去的女儿。

更多目的地详情请参考
Lonely Planet《意大利》

Devils Tower

魔鬼塔，怀俄明州，美国

《第三类接触》（*Close Encounters of the Third Kind*），1977年

神迹总是降临在小人物身上，在UFO的传言和一场事故后，电工罗伊的脑海中不断闪现出幻象，他尝试着在直觉的指引下用黏土做点什么，一座冰激凌形状的奇特山丘慢慢在他手中出现。他在电视中知道了答案：这是魔鬼塔，一座由火成岩构成的高达265米的山丘。1906年，美国总统罗斯福将它命名为国家纪念碑。影片中人类与外星生物的心灵沟通最终在这里上演，导演斯皮尔伯格为这漫长的一幕赋予了好奇、友善、敬畏和绮丽的色彩。

登顶魔鬼塔是许多攀岩爱好者的梦想，可惜胜利者寥寥。为了尊重印第安人对魔鬼塔的信仰，每年6月，当地政府都要求攀岩活动停止一个月。

更多目的地详情请参考
Lonely Planet《美国》

“昨晚出事以后，我脑海里就一直出现这个形状像冰激凌的东西，我一定要知道这是什么，这一定有某种意义，而且非常重要。”

Praga

普拉加区，华沙，波兰

《钢琴家》
(*The Pianist*)，
2002年

影片讲述了一个普通犹太人在种族灭绝中求生的经历，剧本脱胎于波兰犹太钢琴家维拉迪斯罗·斯皮尔曼的回忆录。同样经历过大屠杀，导演波兰斯基想在写实的基础上“重构童年记忆”，影片细腻的镜头、动人的肖邦音乐，以及对人性和欲望的准确揭示都令人如临其境。

纳粹摧毁了整座华沙城，只有在维斯瓦河右岸、与昔日犹太隔离区隔河相望的普拉加区，还能找到一些令波兰斯基似曾相识的感觉：灰色的街道、笨重的交通工具，以及矗立了一个多世纪的古老建筑。剧组在波兰取景时就曾驻扎于此。如今，这片旧厂房林立的区域成了文创艺术区，聚集了许多前卫艺术家和嬉皮士。

更多目的地详情请参考
Lonely Planet《东欧》

带你深入取景地

这个地方我眼熟

101影视取景地

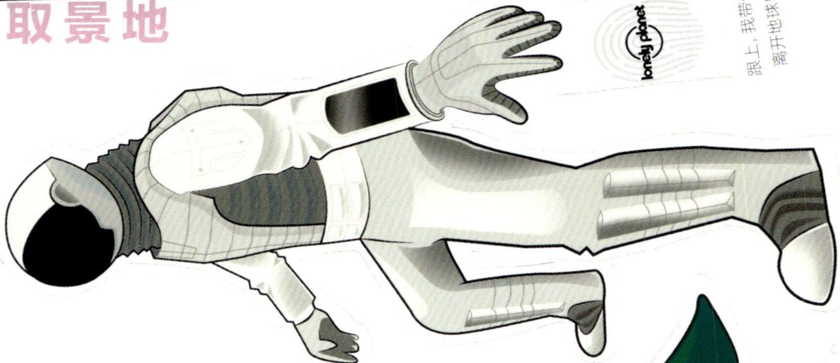

跟上，我带你离开地球！

玩法：

1）手持角色人物或场记牌

2）一起凹造型吧！

手持场记牌，Action!

来，抓紧我的手！

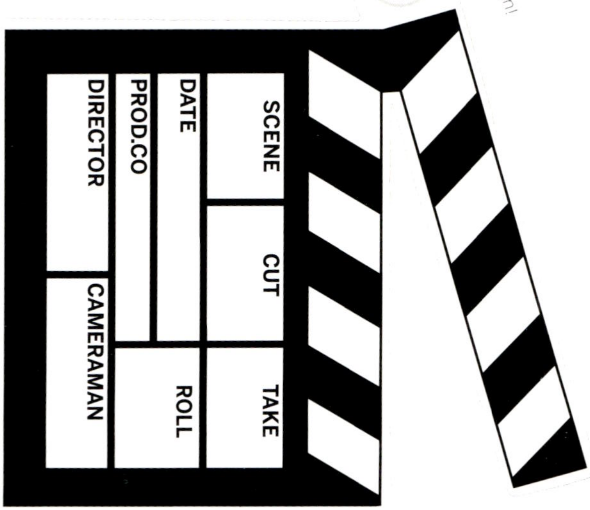

"爱就是答案，而你很确定地知道它。"

Old Royal Naval College

旧皇家海军学院，伦敦格林威治，英国

《四个婚礼和一个葬礼》（*Four Weddings and a Funeral*），1994年

这部爱情电影汇聚了许多英国元素：令人捧腹的冷幽默、独立而有趣的怪人，还有诗歌、风笛和苏格兰长裙。按现在的话说，男主角查尔斯或许是个典型的渣男：英俊潇洒，温柔体贴，但每段关系都很短暂，他好像谁也不爱。而改变他的四场婚礼和一场葬礼，都在英国旧皇家海军学院典雅的宫殿和庭院上演。

这栋建筑坐落于泰晤士河畔，始建于1696年，是世界文化遗产之一，曾先后成为都铎王朝的夏宫和英国皇家海军学院，如今被辟为博物馆。它也是最能体现英国文化精髓的取景地，无论是《国王的演讲》里的宫廷生活，还是《理智与情感》里的居家场景，在这里都能拍得原汁原味。

更多目的地详情请参考 Lonely Planet《英国》或旧皇家海军学院网站www.ornc.org

Skellig Michael

斯凯利格·迈克尔岛，凯里郡，爱尔兰

> 《星球大战7：原力觉醒》（*Star Wars: The Force Awakens*），2015年

机器人R2-D2终于从低电量状态中醒了过来，蕾伊顺着地图找到了卢克·天行者藏身之地——"AHCH-TO"，与他在悬崖边相望。这个漫漫银河中的孤寂星球，就取景于带有强烈归隐气息的斯凯利格·迈克尔岛。蜂窝般的石屋群落始建于公元7世纪，在之后长达600年的时间里，岛上凯尔特风格的修道院一直是爱尔兰基督教的中心。不过，随着修士们迁往爱尔兰主岛，鲜有人造访的孤岛成为野鸟栖息的乐园。

每年5月到10月是小岛的开放时间。不过，作为世界文化遗产，联合国教科文组织给它定的每年接待人数上限是11,000人，星战上映后远远超出这一人数的游客量也引起了环保组织的抗议。

更多目的地详情请参考
Lonely Planet《爱尔兰》
或www.skelligislands.com

Casbah of Algiers

阿尔及尔的卡斯巴哈，阿尔及利亚

《阿尔及尔之战》（*The Battle of Algiers*），1966年

当一个电影人将题材定为现实主义，便决定了这部电影将实地取景。导演吉洛·彭特克沃以阿尔及利亚为脱离法国殖民统治、争取独立为背景，拍摄了阿尔及利亚民族解放阵线与法国人在阿尔及尔的卡斯巴哈展开激烈的游击战。这是一部半纪录片式的黑白电影，同一条街道见证了战斗的过程和战后的创伤。

更多目的地详情请参考 Lonely Planet *Africa*

©SIMON CROCKETT/GETTY IMAGES

Jurassic Coast

侏罗纪海岸，多塞特，英国

《小镇疑云》（*Broadchurch*），2013年

在这部扣人心弦的英国电视连续剧中，一个11岁男孩的尸体在多塞特的侏罗纪海岸上被发现，之后针对他死因的调查，揭露了这个小镇并非如其表面上的田园牧歌般平静，而是一座充满了邪恶和疑点的温床。这里是英国最棒的海岸线，有人说它甚至可以媲美澳大利亚的大堡礁。

更多目的地详情请参考 Lonely Planet《英国》

“她在找寻壮实的男人：双腿粗壮、肌肉饱满。那些骨瘦如柴、弱不禁风的男人对她没有什么用。”

Tantallon Castle

坦特伦城堡，格拉斯哥，英国

《皮囊之下》
（*Under the Skin*），
2013年

乔纳森·格雷泽在这部有关外星人入侵地球的电影中，用了很多隐藏式镜头进行拍摄。斯嘉丽·约翰逊开着货车在格拉斯哥市中心穿梭，周围都是非专业演员，场景非常真实。

电影中，当外星人进入苏格兰高地、参观14世纪的坦特伦城堡废墟时，正有一束光进入其灵魂，这一幕美妙绝伦。

©IMAGEBROKER/ALAMY STOCK PHOTO

更多目的地详情请参考
Lonely Planet《英国》

“没办法告诉他们，他们的语言里没有‘冰’这个词。”

©JUAN GABALDON/500PX

Iquitos

伊基托斯，秘鲁

《陆上行舟》（*Fitzcarraldo*），1982年

亚马孙丛林地区的伊基托斯，是世界上没有公路通达的城市中最大的一座，只能乘飞机或坐船前往。如果你是一个具有冒险精神的人，还可以选择徒步穿越亚马孙丛林，只是别拖着一条300吨的蒸汽船前去，就像维尔纳·赫尔佐格在电影《陆上行舟》中所证明的——还有纪录片《梦想的负担》所体现的——这真是一种近乎狂热的、疯狂的、不切实际的执着。

更多目的地详情请参考Lonely Planet《秘鲁和智利》

Pagsanjan

百胜滩，吕宋岛内湖省，菲律宾

《现代启示录》（*Apocalypse Now*），1979年

越南战争期间，为了去柬埔寨找到并处决传说中已经陷入疯狂的库尔茨上校，主角一行沿湄公河逆流而上，一路见证各种杀戮和谎言，掠夺与放纵，弥漫在热带河道上的焰火和烟雾，以及神像矗立的雨林。像现代神曲，也像哲学叩问：文明是什么？理性为何物？

为了避免在战争地取景引发争议，导演弗朗西斯·福特·科波拉选择在菲律宾百胜滩拍摄，却遇到了种种堪比原著《黑暗之心》的意外和挫折，比如（但不止于）他的精神崩溃、主演的心脏病发作、马龙·白兰度的种种怪癖、无数热带疾病、为平定叛乱而向剧组要回直升机的菲律宾军方，还有一场摧毁所有布景的热带风暴。

更多目的地详情请参考
Lonely Planet《菲律宾》

“生命的真正主宰是偶然，它充满残酷、激情以及迷人的魅力。”

Lisboa

里斯本，葡萄牙

《去里斯本的夜车》
（***Night Train to Lisbon***），
2013

一位瑞士教师追随一本葡萄牙作家的小说前往里斯本，在了解作家生平和寻访其亲人朋友的过程中，揭开了葡萄牙独裁时期的一段往事，也将圣乔治城堡、罗西奥广场、Cemitério dos Prazeres公墓以及里斯本最美的老城一并摄入镜头。如果你不想错过电影里每一帧美丽的街景，就得像电影里的男主角不放过任何一个细节去寻找一样。最简单的方式是坐上28路黄色木质有轨电车，在蜿蜒倾斜的街道上缓缓穿过老城区。傍晚前往圣乔治城堡，登上老城最高点，看一场里斯本的日落。

更多目的地详情请参考
Lonely Planet《葡萄牙》

Oracabessa

奥拉卡贝萨，圣玛丽区，牙买加

《007之诺博士》（*Dr. No*），1962年

007系列电影的开山之作，情报员詹姆斯·邦德奉命调查一位情报人员被杀害的真相，我们可以从中看到日后所有续集的雏形：无所不能又英俊帅气的邦德、性感而个性十足的“邦女郎”、扣人心弦的经典配乐，也能感受到那个时代特有的“冷战”意识形态。

而上演这些故事的加勒比海小镇奥拉卡贝萨，正是007系列小说作者伊恩·弗莱明的居住地。如今，他在镇上的庄园“黄金眼”，以及邦德海滩和圣玛丽山都成了影迷的朝圣地。“如果我没有住在这样一个令人惊奇的地方，度过这些在牙买加的时光，那么007系列是否还会被创作出来呢？”深爱牙买加的弗莱明曾这样问自己。

更多目的地详情请参考Lonely Planet《牙买加》

“有些朋友常是一闪而逝，就像路上的行人一样。”

Lake Britton Railway Bridge

布里顿湖铁路大桥，沙斯塔县，加利福尼亚州，美国

《伴我同行》（*Stand By Me*），1986年

对于《伴我同行》里的孩子们来说，匆匆渡过这座大桥是他们旅途中最难忘的一部分，但并非明智之选。如今这条铁路线已经被废弃，铁轨也被移走了，当你旅行至此，至少不用担心被火车撞飞。

更多目的地详情请参考Lonely Planet《美国》

Bradbury Building

布拉德伯里大楼，洛杉矶，美国

《银翼杀手》
（*Blade Runner*），
1982年

导演雷德利·斯科特不愧是伟大的视觉设计师，他的这部1982年的《银翼杀手》比其他同时代的科幻电影更具未来感，即使放在今天来看也不会觉得过时。他将洛杉矶最著名的建筑——布拉德伯里大楼，营造出一种阴暗、颓废之美，令这栋装饰华丽的大楼看起来就像是与世隔绝之所。

更多目的地详情请参考
Lonely Planet《美国西部》

Odessa Steps

敖德萨阶梯，敖德萨，乌克兰

《战舰波将金号》（*The Battleship Potemkin*），1925年

敖德萨阶梯大屠杀的一段情节是整部电影的高潮，哥萨克武装部队沿着通向海滨的阶梯行进，向手无寸铁的人群开火，人们惊慌失措、四处奔逃，婴儿车滚下阶梯的一幕尤其令人印象深刻。

之后的一些电影，如希区柯克的《海外特派员》、伍迪·艾伦的《香蕉》、特瑞·吉列姆的《妙想天开》和布莱恩·德·帕尔玛的《铁面无私》等，都是向《战舰波将金号》中的这一幕致敬。

更多目的地详情请参考
Lonely Planet《欧洲》

“开机日期” ______________________________

“取景地” ______________________________

“联合主演” ______________________________

我的灵感来自：

我喜欢的台词：

这次旅行让我难忘的是：

这部电影是：

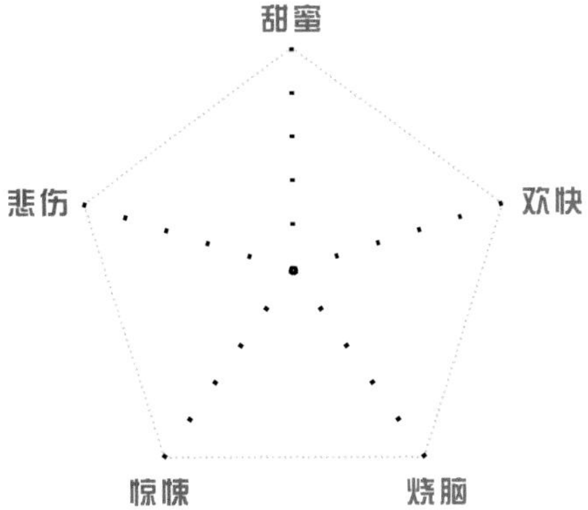

这次旅行很：

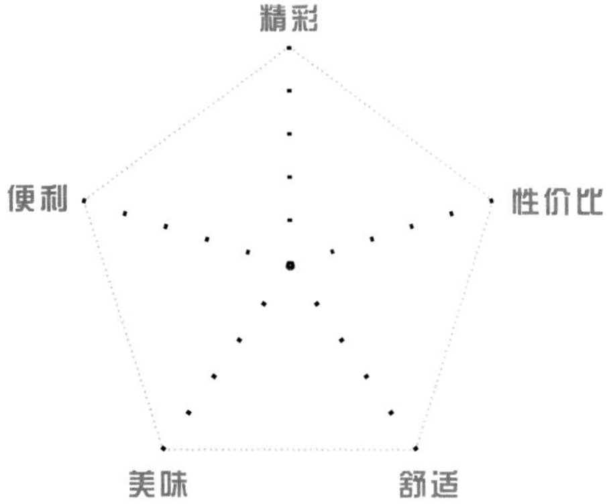

我爱这部电影吗？☆☆☆☆☆

我对这次旅行满意吗？☆☆☆☆☆

电影索引

景点索引

幕后

关于本书

这是Lonely Planet《这个地方我眼熟——101影视取景地》的第1版。本书的作者为何望若、刘昊和劳伦斯·费伦。

本书为中文第1版，由以下人员制作完成：

项目负责　关媛媛
项目执行　丁立松
内容策划　何望若（本土化）、刘昊（本土化）、涂　识
视觉设计　李小棠
协调调度　沈竹颖
责任编辑　于佳宁
特约编辑　苗　卉
地图编辑　马　珊
制　　图　田　越
流　　程　孙经纬
终　　审　朱　萌
排　　版　北京梧桐影电脑科技有限公司

感谢胡俊豪、赖昱帆、李泽翰、刘乐怡、钱妍汐、沈竹颖、王歆、陈丽为本书提供的帮助和创意。

声 明

封面图片来自书中图片，版权信息见各页。书中手绘插图和随书附赠卡片由李小棠绘制。

本书部分地图由中国地图出版社提供，其他为原书地图，审图号GS（2018）4659号。

说出你的想法

我们很重视旅行者的反馈——你的评价将鼓励我们前行，把书做得更好。我们同样热爱旅行的团队会认真阅读你的来信，无论表扬还是批评都很欢迎。虽然很难一一回复，但我们保证将你的反馈信息及时交到相关作者手中，使下一版更完美。我们也会在下一版特别鸣谢来信读者。

请把你的想法发送到 **china@lonelyplanet.com.au**，谢谢！

请注意：我们可能会将你的意见编辑、复制并整合到Lonely Planet的系列产品中，例如旅行指南、网站和数字产品。如果不希望书中出现自己的意见或不希望提及你的名字，请提前告知。请访问lonelyplanet.com/privacy了解我们的隐私政策。

这个地方我眼熟

中文第一版

书名原文: *Film and TV Locations*

本书由中国地图出版社出版

图书在版编目(CIP)数据

这个地方我眼熟：101影视取景地 / 澳大利亚Lonely Planet公司编；何望若等编译. -- 北京：中国地图出版社, 2018.9

书名原文: Film and TV Locations

ISBN 978-7-5204-0761-8

Ⅰ. ①这… Ⅱ. ①澳… ②何… Ⅲ. ①旅游指南－世界 Ⅳ. ①K919

中国版本图书馆CIP数据核字(2018)第222068号

出版发行	中国地图出版社
社　　址	北京市白纸坊西街3号
邮政编码	100054
网　　址	www.sinomaps.com
印　　刷	北京华联印刷有限公司
经　　销	新华书店
成品规格	180mm×180mm
印　　张	6
字　　数	244千字
版　　次	2018年9月第1版
印　　次	2018年9月北京第1次印刷
定　　价	59.00元
书　　号	ISBN 978-7-5204-0761-8
审 图 号	GS（2018）4659号
图　　字	01-2018-5255

*如有印装质量问题，请与我社发行部（010-83543956）联系